중국어 발음연습

박경서 · 이해우 공저

신아사

중국어 발음연습

박경서 · 이해우 공저

서 문

어느 외국어를 배우든 발음은 가장 중요한 요소이다. 중국어도 물론 그렇다. 중국어를 처음 접하는 사람들은 대부분 중국어 발음이 어렵다고 말한다. 그러나 중국어 발음은 몇몇 음절을 제외하면 한국어 음절과 매우 유사하여 초보자라도 배우는데 그리 어렵지 않다. 만약 한국어 발음과 차이가 나는 중국어 몇몇 발음만 잘 익히면 중국어 학습은 결코 어려운 일은 아니다.

중국어 발음을 잘하려면 매 음절의 성모(聲母)와 운모(韻母)의 발음이 정확해야 한다. 중국어 발음 방법에 이른바 '字正腔圆(자정강원)'라는 말이 있는데, 음절의 음과 구강의 개합도가 정확해야 한다는 뜻이다. 여기서 '字正'은 주로 성모(聲母) 발음에 대한 요구이고, '腔圆'은 운모(韻母) 발음에 대한 요구이다.

중국어가 한국어와 구별되는 가장 중요한 특징으로 성조(聲調 tone)가 있다는 점이다. 예를 들어, 'ma'라는 발음은 '媽(엄마) mā, 麻(삼베) má, 馬(말) mǎ, 罵(꾸짖다) mà' 등 네 가지 다른 고저승강(高低昇降)에 따라 그 의미가 달라지는 성조를 가지고 있다. 그러므로 성조에 대한 정확한 인식과 발음은 매우 중요하다.

표준어인 보통화(普通話) 발음은 맑고 경쾌하여 세계에서 가장 아름다운 언어 가운데 하나라고 말할 수 있다. -n, -ng으로 끝나는 음 빼고는 모든 음절이 모음으로 끝나기 때문에 탁 트이고 경쾌한 느낌이 있고 울림도가 높다. 자음 -n, -ng도 여타 자음보다 그 울림도가 커서 중국어 발음은 시원시원한 감이 있다. 더구나 소리의 높낮이를 나타내는 성조가 덧붙여져서 모든 음절이 리드미컬한 음악성까지 겸비하여 자못 우리들의 귀를 즐겁게 만든다.

중국어 발음연습에서 성모와 운모의 정확한 발음만 강조한다면 나무만 살펴보고 전체의 숲을 보지 못하는 격이 되어버린다. 따라서 중국어 발음연습에서 하나하나의 음절을 정확히 발음하는 것도 중요하겠지만 실제 활용되는 단어, 단어조합, 문장 등에 대한 발음 훈련이 더 중요하다. 이를 감안하여 본 교재는 될수록 2음절 단어, 단어조합, 상용문을 연습용으로 제시하였으며 또 중국어의 운율을 음미하면서 자연스럽게 중국어를 구사할 수 있도록 '고전시'를 수록하였는데, 고전시 낭독은 자연스러운 중국어를 구사하는데 도움이 될 것이다.

그 외에 처음부터 유창하고 빠르게 중국어를 구사할 수 있도록 유사한 발음의 연속으로 흉내 내기 어려우나 재미있는 '잰말놀이(绕口令 ràokǒuling)'를 연습용으로 수록하였다. 다만 연습할 때 2음절 단어, 단어조합, 상용문의 분량이 많다고 생각하면 자신의 상황에 따라 적절히 선택하여 공부하길 바란다. 본 교재에 제시된 풍부한 예자는 발음뿐만 아니라 어휘력 증강에도 틀림없이 도움이 될 것이다.

2012. 2.

박경서 · 이해우

중국어 발음연습

박경서 · 이해우

목 차

01.

이끄는 말

중국어 발음연습

언어는 인간에게 가장 중요한 의사소통과 사고(思考) 수단이다. 언어의 한 표현 수단으로 발음기관을 통해 일정한 의미를 전달하는 소리를 음성이라고 한다. 즉 음성은 '사람의 발성기관을 통해 표출된 소리와 그 소리가 전달하고자 하는 의미'라는 두 가지 요소를 지니고 있다. 어음은 '화자 - 음파의 전송 - 청자'라는 세 과정을 거쳐 의사소통이 이루어진다.

모든 언어의 어음은 아래와 같은 고유한 특성을 지니고 있다.

첫째, **물리적 특성**이다. 음성은 발음기관의 진동에 의하여 발생하는 음파다. 이 음성은 **음고(音高), 음강(音强), 음장(音長), 음색(音色)** 등 네 가지 요소를 갖추고 있다.

음고(音高) : 소리의 고저(高低)로 음파의 주파수에 의해 결정된다. 주파수가 높을수록 음고가 높아진다. 발음체가 다르면 음고도 달라진다. 음고는 사람의 성대 길이, 두께, 긴장 정도에 따라 달라진다. 남성과 여성, 성인과 아이의 음고가 다르고 한 사람의 음고도 신체 상황, 성대의 긴장도에 따라 달라진다. 중국어에서 음고는 성조로 나타나며 성대의 긴장도에 따라 성조가 달라지며 의미도 구별된다.

음강(音强) : 음강은 음파의 진동폭 크기와 관련된다. 진동폭이 크면 음은 강해지고, 진동폭이 작으면 소리는 약해진다. 같은 발성체라도 발음할 때 힘을 얼마나 가하느냐에 따라 그 음강이 달라진다.

음장(音長) : 음장은 소리의 길이로 발음체의 진동시간과 정비례된다. 음장이 다르면 뜻도 다를 수가 있다. 예를 들면 한국어에서도 '밤(栗)'과 '밤(夜)'의 음장은 서로 다르다.

음색(音色) : 음질(音質)이라고도 한다. 소리와 소리를 구별하는 특징을 가진다. 같은 음역의 '도'라도 바이올린의 소리와 풍금의 소리가 다른 것은 음색이 다르기 때문이다. 사람의 소리를 듣고 누구의 목소리인가를 구별할 수 있는 것은 그 사람의 고유한 음색이 있기 때문이다. 발성체의 재질·모양에 의하여 결정된다.

둘째, **생리적 특성**이다. 음성은 다른 소리와 다르게 사람의 발성기관에 의하여 음파가 형성되므로 인체의 생리 구조적 특성과 연관이 있다. 여러 조음기관과 방법에 따라 형성된 소리는 다양하게 표출된다. 사람의 발음기관에는 **호흡기관, 후두, 성대, 구강, 비강**이 있다.

호흡기관 : 폐, 기관, 기관지가 있다. 호흡기관은 음파를 이루는 동력을 제공한다.

발성기관 : 후두와 성대가 있다.

공명기관 : 구강, 비강, 인강, 후강이 있다. 구강에는 입술, 이, 잇몸, 혀, 경구개, 연구개, 목젖이 있다. 혀는 설첨(전설, 중설, 후설), 설면, 설근으로 나뉜다. 비강은 경구개, 연구개, 목젖으로 구분된다. 발음은 목젖에서 입술까지 발음되는 위치와 방법에 따라 다양한 소리가 만들어진다.

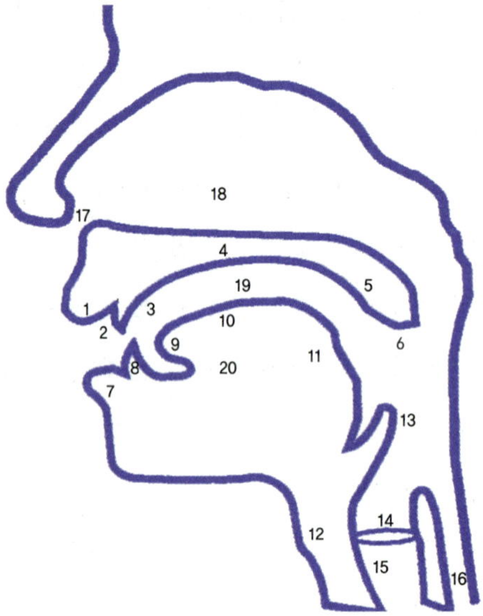

(발음기관 도해)

① 윗입술	② 윗니	③ 위 치조	④ 경구개	⑤ 연구개
⑥ 목젖	⑦ 아랫입술	⑧ 아랫니	⑨ 설첨	⑩ 설면
⑪ 설근	⑫ 후두	⑬ 회연연골	⑭ 성대	⑮ 기관
⑯ 식도	⑰ 콧구멍	⑱ 비강	⑲ 구강	⑳ 혀

(설첨 : 설전, 설중, 설후)

셋째, **사회적 특징이다.** 음성이 담고 있는 일정한 의미는 개인에 국한된 것이 아니라 사회 구성원 모두가 공유하고 서로 인지하는 것이다. 이것은 음성이 가지고 있는 가장 중요한 본질이다. 한 언어에서 음성의 조합방식과 음성과 의미의 결합은 사회공동체의 약속으로 이루어졌기 때문에 그 사회공동체의 역사발전 및 문화형성과 밀접한 관계가 있으며 이는 공동체 구성원들이 공유하고 또한 서로 그 약속을 이행해야만 사회적 교류가 이루어진다.

넷째, **민족적 특징이다.** 어느 한 공간에서 살고 있는 민족은 일반적으로 같은 언어를 사용하고 있다. 어느 한 언어에서 같은 의미를 담고 있는 음성은 사회 구성원 전체가 서로 약속하고 서로 인지하고 있다.

다섯째, **지역적 특징이다.** 하나의 민족어일지라도 지역에 따라 같은 의미를 전달하는 음성이 서로 다를 수가 있다. 한 언어가 지역에 따라 다양하게 나타날 수 있는데 이를 방언이라고 한다. 각 방언을 사용하는 방언 구사자들은 물론 같은 소리로 같은 의미를 전달하고 있다.

02.

중국어의 발음구조

중국어 발음연습

2.1. 중국어
2.2. 보통화 어음
2.3. 자음과 모음의 결합
2.4. 한어병음 표기 방법

2.1. 중국어

한국에서 말하는 중국어는 중국에서 한어(漢語)라고 불린다. 중국인은 56개 민족으로 구성되었으며 그 가운데 한족(漢族)이 전체 인구 가운데 92%를 차지하고 나머지 8%는 55개 소수민족으로 이루어져 있다. 1949년 중화인민공화국(中華人民共和國)이 건립된 후 '한족(漢族)의 언어(言語)'라는 의미에서 한어(漢語)라는 용어가 사용되고 있다.

중국은 주지하다시피 넓은 땅덩어리와 오랜 역사를 지니고 있어서 다양한 방언이 형성되어 각 지역 간 의사소통에 많은 어려움이 있다. 이로 인해 중국 정부에서는 표준어라고 할 수 있는 보통화(普通話)를 공포하여 전 중국인민에게 사용하도록 하고 있다. 한국에서는 '서울에서 교양 있는 사람이 두루 사용하는 말'을 표준어로 규정하고 있지만 중국의 보통화는 '발음은 북경어가 기초가 되고, 어휘(단어)는 북방지역에서 두루 사용되는 것이 기준이 되고, 문법은 문인(文人)들의 현대백화문이 표준'이 된다.

2.2. 보통화 어음

보통화의 발음 체계는 그리 복잡하지 않다. 자음과 모음의 목록이 다른 언어에 비해 그리 많지 않다. 중국어 발음 표기는 '한어병음(漢語拼音)'이라는 방안을 사용하고 있다. 한어병음의 발음부호는 영어에서 사용되는 'a'에서 'z'까지 26개 알파벳 가운데 'v'를 제외한 25개가 사용되고 있다.

1) 모음(母音 vowel)

구강이나 비강에서 아무런 장애를 받지 않고 발음되는 소리로 중국어로 '元音 yuányīn'이라고 한다. 한어병음에 사용되는 모음 기호로는 'a, o, e, i, u, ü'가 있다.

고모음 : i, u, ü
중모음 : o, e
저모음 : a

2) 자음(子音 consonant)

발음할 때 장애를 받고 나는 소리로 중국어로는 '辅音 fǔyīn'이라고 한다. 보통화에 사용되는 한어병음에는 'b, p, m, f, z, c, s, d, t, n, l, zh, ch, sh, r, j, q, x, g, k, h, ng' 등 22개 자음이 있다. 아래 자음의 발음순서는 입술소리(순음)에서 혓뿌리소리(설근음)까지 입 앞쪽에서 뒤쪽으로 순차적으로 나열한 것이다.

순음(脣音)	b[p],	p[ph],	m[m],	f[f]	
설첨전음(舌尖前音)	z[ts],	c[tsh],		s[s]	
설첨중음(舌尖中音)	d[t],	t[th],	n[n],		l[l]
설첨후음(舌尖後音)	zh[tʂ],	ch[tʂh],		sh[ʂ],	r[r]
설면음(舌面音)	j[tɕ],	q[tɕh],		x[ɕ]	
설근음(舌根音)	g[k],	k[kh],		h[x],	ng[ŋ]

설첨음은 혀끝소리로 발음위치에 따라 전중후(前中後)로 나뉠 수 있다. 설첨전음은 혀끝을 치아 뒤에 대며, 설첨중음은 잇몸 뒤에 대며, 설첨후음은 경구개(입천장)까지 혀를 올려 발음한다. 설첨후음은 보통 혀를 입천장까지 말아 올려 발음되므로 권설음(捲舌音 혀말이음)라고 보통 칭한다. [ ]안의 발음은 국제음성기호를 나타낸다.

3) 성모(聲母 initial)

성모는 자음과 성격이 약간 다르다. 중국어 음절은 '성모(聲母 initial)+운모(韻母 final)+성조(聲調 tone)' 등 삼대요소(三大要素)로 구성되는데, 성모는 바로 하나의 음절구조(音節構造) 가운데 가장 먼저 발음되는 것으로 보통 자음으로 구성된다. 만약 자음이 오지 않고 모음으로 시작되는 음절은 성모 부분에 자음이 없으므로 특별히 '영성모(零聲母 zero initial)'라 칭한다.

4) 운모(韻母 final)

운모는 음절구조 가운데 성모 뒤에 위치한 음으로 단운모(單韻母), 복운모(復韻母), 비운모(鼻韻母)로 나뉜다([부록 1]의 중국어 음절구조도 참조).

단운모 : a, e, i, o, ü 등과 같이 하나의 모음으로 구성된 운모

복운모 : ai, ui, ei, ie, üe, uai, uei, iao 등과 같이 2-3개의 모음으로 구성된 운모

비운모 : an, en, ang, uang, ueng, üan, ün 등과 같이 비음자음 [-n] 혹은 [-ng]로 끝나는 운모

자음으로 끝나는 운모에는 단지 [-n]과 [-ng]만이 존재하여 중국어는 대단히 간단한 음절구조를 갖고 있다. 또한 중국어 운모의 특징을 나타내는 것으로 전통적으로 사호(四呼)가 사용되었다. 예를 들면 아래와 같다.

① **개구호(開口呼)** : 주요모음이 저모음 혹은 중모음으로 구성된다.

예 ai, ao, ei, ou, an, en, ang, eng, ong, er

② **제치호(齊齒呼)** : 개음 혹은 주요모음에 전설고모음 [i] 음이 있다.

예 ia, ie, iao, iou(iu), ian, iang, in, ing, iong

③ **합구호(合口呼)** : 개음 혹은 주요모음에 후설고모음 [u]음이 있다.

예 ua, uo, uai, uei(ui), uan, uen, uang, ueng

④ **촬구호(撮口呼)** : 개음 혹은 주요모음에 전설원순고모음 [ü]음이 있다.

예 üe, üan, ün

5) 성조(聲調 tone)

현대 표준중국어를 보통화(普通話)라 부르며 북경어 발음이 기준이 된다. 보통화에는 4개의 성조가 있다. 즉, 1성(陰平), 2성(陽平), 3성(上聲), 4성(去聲)이다. 전통적이며 학술적인 용어로 1성은 음평(陰平), 2성은 양평(陽平), 3성은 상성(上聲), 4성은 거성(去聲)으로 칭한다. 이들 네 개 본조(本調)에서 파생되어 나와 문법적인 기능을 담당하면서 지정된 고유한 위치에서만 나타나는 경성(輕聲)이 있다. 경성은 짧고 가볍게 발음한다. 경성은 본조에 포함되지 않으므로 보통화에는 4개의 성조만 존재하는 것이다.

[성조의 조치(調値) 모식도]

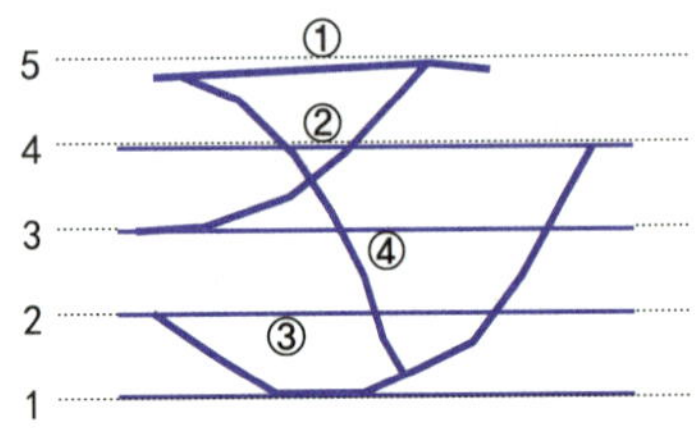

1성(55)	mā	(妈)	어머니
2성(35)	má	(麻)	삼(대마)
3성(214)	mǎ	(马)	말
4성(51)	mà	(骂)	욕하다

6) 음절(音節 syllable)

중국어 음절의 삼대요소는 성모, 운모, 성조이다. 중국어 음절의 구성요소는 아래 도표와 같이 나타낼 수 있다.

중국어 음절구조

<table>
<tr><td colspan="4">성조(聲調)</td></tr>
<tr><td rowspan="3">성모(聲母)</td><td colspan="3">운 모(韻母)</td></tr>
<tr><td rowspan="2">개음(介音)</td><td colspan="2">운(韻)</td></tr>
<tr><td>주요모음(主要母音)</td><td>운미(韻尾)</td></tr>
</table>

중국어는 본래 성조언어로 모든 한자는 그 고유한 성조가 반드시 있으므로 초보자는 항상 성조를 기억하여 의식적으로 외워야 한다. 음절 구조 가운데 가장 먼저 발음되는 부분이 성모이며 주로 21개 자음으로 구성된다. 자음으로 시작하지 않고 모음으로 시작되는 것을 영성모(零聲母)라고 한다. 운모는 성모 뒤의 음을 말한다. 운모 가운데 주요모음 앞의 음을 개음이라고 하고 그 뒤의 음을 운미라고 한다. 개음은 -i-, -u-, -ü- 세 고모음만 나타나며, 운미는 -i, -u 고모음과 -n, -ng 비음만 나타난다. 비음 ng는 운미에서 나타나며 성모에서는 사용되지 않는다. 어느 한자의 음이든 성조와 주요모음은 반드시 존재해야 한다. 중국어 음절 요소들의 각 명칭에 대한 구체적인 예를 들면 아래와 같다.

江 jiāng : 성조 1성, 성모 j, 개음 i, 주요모음 a, 운미 ng
來 lái : 성조 2성, 성모 l, 주요모음 a, 운미 i
姐 jiě : 성조 3성, 성모 j, 개음 i, 주요모음 e
岸 àn : 성조 4성, 영성모 Ø, 주요모음 a, 운미 n

주요모음은 음절 가운데 가장 공명도(共鳴度 울림도)가 높으며 성조 표기는 반드시 음절의 주요모음 위에다 나타내야 한다. 공명도는 저모음>중모음>고모음 순이다. 구체적으로 a>e, o>i, u, ü 순으로 만약 모음이 2개 이상일 경우 이 순서대로 성조표기 순서를 정하게 된다.

2.3. 자음과 모음의 결합

▶▶Track 1

1) 자음

순음	b	p	m	f
설첨전음	z	c	s	
설첨중음	d	t	n	l
설첨후음	zh	ch	sh	r
설면음	j	q	x	
설근음	g	k	h	ng

발음 요령

1. ‘f’ 발음은 영어의 ‘f’와 똑같이 윗니를 아랫입술에 가까이에 대고 공기를 마찰시켜 나는 소리이다.
2. 설첨후음은 권설음(捲舌音)이라고도 하며 혀끝을 경구개(잇몸 뒤 입천장) 가까이 붙여 발음한다. ‘r’ 발음은 영어의 ‘r’과 비슷하다.
3. 설근비음 ‘ng’은 ‘中 zhōng, 英 yīng’과 같이 운미(韻尾)에만 나타나며, 성모에는 나타나지 않는다.

2) 모음

a	o	e	i	u	ü
아	오	어	이	우	위

발음 요령

'o'음은 한국어의 '오'음보다 입을 조금만 더 크게 벌리고 발음하고 'ü'음은 한국어의 '위'와 같이 발음하되 발음 시작에서 끝까지 입모양의 변화가 없어야 한다.

자음과 모음 결합연습

▶▶Track 2

bo po mo fo
de te ne le
ze ce se
zhe che she re
ge ke he

bi pi mi
di ti ni li
zi ci si
zhi chi shi ri
ji qi xi

bu pu mu fu
du tu nu lu

zhu chu shu ru

zu cu su

gu ku hu

nü lü ju qu xu
뉘 뤼 쥐 취 쉬

ya ye yu

이야 이에 위 ('이야, 이에'의 '이'음은 아주 짧게 발음)

wa wo wu

우아 우어 우 ('우아, 우어'의 '우'음은 아주 짧게 발음)

개음 -i-, -u-, -ü-와 운미 -i, -u는 짧고 빠르게 주요모음에 붙여 발음한다.

연습

▶▶Track 3

f: fa fo fei fou fu
fan fen fang feng

l: la le li lu lü

-i: zi ci si
zhi chi shi ri

o: bo po mo fo

e: 1. de te ne le ge ke he
zhe che she re ze ce se
2. bei hei zhei zei
3. ye (이에)
bie(비에) pie(피에) mie(미에)
die(디에) tie(티에) nie(니에) lie(리에)
jie(지에) qie(치에) xie(시에)

u: bu pu mu fu
zu cu su
du tu nu lu
zhu chu shu ru
gu ku hu

ü: ju(쥐) qu(취) xu(쉬) nü(뉘) lü(뤼)

말 배우기 1 (인사말)

Nǐ hǎo!
A: 你 好!
안녕!

Nǐmen hǎo!
B: 你们 好!
여러분 안녕하세요!

Lǎoshī hǎo!
A: 老师 好!
선생님 안녕하세요!

Tóngxuémen hǎo!
B: 同学们 好!
학생 여러분 안녕하세요!

Tóngxuémen zàijiàn!
A: 同学们 再见!
학생 여러분 다음에 봅시다!

Lǎoshī zàijiàn!
B: 老师 再见!
선생님 안녕히 가세요!

성조 발음 연습

▶▶Track 4

bā bá bǎ bà
dā dá dǎ dà

pō pó pǒ pò
mō mó mǒ mò

gē gé gě gè
kē ké kě kè

nī ní nǐ nì
xī xí xǐ xì

lū lú lǔ lù
hū hú hǔ hù

jū jú jǔ jù
qū qú qǔ qù

말 배우기 2 (인사말)

Nín zǎo。
A: 您 早。 일찍 일어나셨습니다.

Nín zǎo。
B: 您 早。 (역시) 일찍 일어나셨군요.

Wǎnshang hǎo。
A: 晚上 好。 (저녁에) 안녕하세요.

Wǎnshang hǎo。
B: 晚上 好。 (저녁에) 안녕하세요.

Wǎnān。
A: 晚安。 편안히 주무세요.

Wǎnān。
B: 晚安。 편안히 주무세요.

Nín shēntǐ hǎo ma?
A: 您 身体 好 吗? (몸은) 건강하시죠?

Xièxie, wǒ shēntǐ hěn hǎo。
B: 谢谢, 我 身体 很 好。 고맙습니다. 매우 건강합니다.

2.4. 한어병음 표기 방법

보통화의 음절은 21개 자음(子音)과 영성모로 이루어진 성모와 모음이 위주가 되는 운모가 결합하고 성조가 그 위에 덧붙여 이루어진다. 성조 표기는 음절 가운데 항상 주요모음(공명도가 가장 높은 모음) 위에 표기해야 한다. 공명도의 기준은 저모음(a) > 중모음(e, o) > 고모음(i, u, ü) 순이다. 한어병음 표기 방법은 아래와 같은 원칙하에 이루어진다.

(1) 'a, e, i, u, ü' 다섯 단모음은 단독적으로 음절을 이룰 수 있다. 'o'음도 단독으로 쓰일 수 있지만 감탄사에 국한된다. 고모음 'i, u, ü'를 쓸 때에는 'y' 또는 'w'를 덧붙여 'yi, wu, yu'로 표기한다.

阿 ā 호칭에 쓰임　　饿 è 배고프다　　喔 ō 아! 오!(감탄사)
一 yī 하나　　五 wǔ　　雨 yǔ 비

(2) 'ia, ie, ua, uo…' 등등과 같이 고모음 'i, u'가 자음과 결합하지 않고 음절의 첫소리로 나오면 'i'와 'u'는 각각 'y'와 'w'로 표기한다.

牙 yá 이빨　　也 yě -도　　又 yòu 또
我 wǒ 나　　挖 wā 파다　　为 wèi -위하여

(3) 운모가 'iu' 혹은 'ui'일 때는 끝의 모음 위에 표기한다.

溃 kuì 무너지다　　丢 diū 잃다

(4) 성모 'j, q, x' 뒤에는 바로 [i, ü] 음만 결합하므로 비록 [ü] 발음이 나더라도

편의상 'u'로 표기한다.

居 jū 살다　　去 qù 가다　　许 xǔ 허락

(5) 'n, l'와 결합하는 'u'와 'ü'는 서로 의미상 구별되므로 [ü] 발음에는 반드시 'ü'로 표기해야 한다.

努 nǔ 노력하다 : 女 nǚ 여자　　路 lù 길 : 绿 lǜ 푸르다

(6) 'iou'와 'uei'가 성모에 자음이 없는 영성모로 쓰이면 'you'와 'wei'로 표기하지만 성모에 자음이 나오면 'o'와 'e'를 생략하고 편의상 'iu'와 'ui'로 표기한다. 그러므로 실제 발음에서 '자음+iu'는 '자음+iou'으로 발음하고, '자음+ui'는 '자음+uei'로 발음해야 한다.

又 yòu 또　　为 wèi -위하여
六 liù[liou]　　会 huì[xuei] -할 수 있다

(7) 성조가 붙는 'i'는 위의 점을 없앤다.

弟弟 dìdi 남동생　　米 mǐ 쌀　　请 qǐng 청하다

03.

성 모

중국어 발음연습

3.1. 순음(b, p), 설첨음(d, t), 설근음(g, k, h) 비교 연습
3.2. 권설음(zh, ch, sh)과 설첨음(z, c, s) 비교 연습
3.3. 설면음(j, q, x)와 권설음(zh, ch, sh)
및 설첨음(z, c, s)의 비교 연습
3.4. l－r 비교 연습
3.5. f－h 비교 연습

3.1. 순음(b, p), 설첨음(d, t), 설근음(g, k, h) 비교연습

3.1.1. 1음절 연습

▶▶Track 5

b - p 비교 연습

bǐ (比) 비교하다 ---- pǐ (匹) 필적하다

bì (必) 반드시 ---- pì (屁) 방귀

bǎi (百) 100 ---- pǎi (迫) 가까이 하다

bài (败) 패하다 ---- pài (派) 파(별), 파견하다

bāo (包) 보따리, 싸다 ---- pāo (抛) 던지다

béng (甭) ～마라 ---- péng (朋) 친구, 벗

발음 굳히기

Bàba bēi bāo
爸爸 背 包 아버지는 배낭을 메신다.

Dìdi pà pāxia pá
弟弟 怕 趴下 爬 아우는 엎드려 기기를 두려워한다.

Pīngpāngqiú pīngpīngpāngpāng
乒乓球 乒乒乓乓 탁구는 '핑핑퐁퐁' (중국어의 의성어)

말 배우기 3 (완곡한 요청)

문형 : '请 + 동사성 단어(조합)'

Qǐng hē chá。
请 喝茶。
차를 마시세요.

Qǐng duō chī cài。
请 多吃 菜。
반찬을 많이 드세요.

Qǐng zài shuō yī biàn。
请 再 说 一 遍。
다시 한 번 말씀해 주세요.

Qǐng bāngbang máng。
请 帮帮 忙。
좀 도와주세요.

Qǐngwèn, huǒchēzhàn zěnme zǒu?
请问, 火车站 怎么 走?
말씀 좀 여쭙시다, 기차역은 어떻게 가지요?

잰말놀이(绕口令 ràokǒulìng)

Dōu shì bùpǐ, bù bǐ bù zhī nǎ ge bùpǐ hǎo。
都 是 布匹, 不 比 不 知 哪 个 布匹 好。
모두 포목이니 비교하지 않으면 어느 포목이 좋은지 모른다.

都	dōu	모두
布匹	bùpǐ	포목
不知	bùzhī	모르다
哪个	nǎge	어느 것

d-t 비교 연습

dí(敌) 적 ---- tí(提) 들다

dì(弟) 아우 ---- tì(替) 대신하다

dǎo(倒) 넘어지다 ---- tǎo(讨) 요청하다, 빌다

dào(到) 도착하다 ---- tào(套) 세트

dāng(当) 담당하다 ---- tāng(汤) 탕, 국물

dōng(东) 동 ---- tōng(通) 통하다

발음 굳히기

Dà bu dà?
大不大?
크니 작니?

Duō bu duō?
多 不 多?
많니 적니?

Duì bu duì?
对 不 对?
맞니 틀리니?

Tián bu tián?
甜 不 甜?
다니 안 다니?

말 배우기 4 (판단문 '是 …는 …이다')

문형 : 명사성 단어(조합) + 是 + 명사성 단어(조합)

Tā shì shuí?
A: 他(她) 是 谁? 저 분은 누구시니?

Tà shì wǒ bàba。 (wǒ māma / wǒ nǎinai / wǒ de lǎoshī)
B: 他(她) 是 我 爸爸。(我 妈妈 / 我 奶奶 / 我 的 老师)
저 분은 우리 아버지시다. (우리 어머니 / 우리 할머니 / 우리 선생님)

Zhè shì shénme?
A: 这 是 什么? 이것은 무엇이니?

Zhè shì táo。 (pútao / xiāngjiāo / cǎoméi / júzi)
B: 这 是 桃。 (葡萄 / 香蕉 / 草莓 / 橘子)
이것은 복숭아다. (포도 / 바나나 / 딸기 / 귤)

Nà shì shéme?
A: 那 是 什么? 저것은 무엇이니?

Nà shì dāo。 (zhàoxiàngjī / diànnǎo)
B: 那 是 刀。 (照相机 / 电脑)
저것은 칼이다. (사진기 / 컴퓨터)

잰말놀이(绕口令 ràokǒulìng)

Tā tiāntiān tiāo tǔ tián tiándì。

他 天天 挑 土 填 田地。

그는 매일 흙을 메어다 논밭을 고루다.

Diǎn dēng, diǎn diàndēng, tiāntiān diǎn diàndēng。

点 灯, 点 电灯, 天天 点 电灯。

등을 켜고, 전등을 켜고, 매일 전등을 켠다.

tiāntiān	天天	매일
tiāo/tǔ	挑土	흙을 메다
tián	填	채우다
tiándì	田地	논밭
diǎn/dēng	点灯	등불을 켜다
diàndēng	电灯	전등

고전시낭독

Záshī Wáng Wéi

杂诗 王维

고향에서 온 길손에게 왕유

jūn zì gù xiāng lái,
君 自 故 乡 来,

그대 고향에서 오셨으니,

yīng zhī jiā xiāng shì。
应 知 家 乡 事。

고향의 일 알겠네요.

lái rì qǐ chuāng qián,
来 日 绮 窗 前,

오시는 날 창가 앞

hán méi zhuó huā wèi?
寒 梅 着 花 未?

찬 매화꽃은 피었던가요?

g－k 비교 연습

gē(哥) 형, 오빠	----	kē(科) 과
gè(个) 개	----	kè(客) 객
guò(过) 지나가다	----	kuò(扩) 넓히다
guài(怪) 요상하다	----	kuài(快) 빠르다
guān(关) 닫다, 끄다	----	kuān(宽) 넓다
gāng(刚) 방금, 막	----	kāng(康) 건강하다

발음 굳히기

Gēge guānguāng。
哥哥 观光。
형님이 관광하다.

Kāi mén, kāikai mén。
开 门，开开 门。
문 열어라, 문 좀 열어라.

Guānmén ba。
关门 吧。
문 닫아라.

말 배우기 5 ('누구'에게는 / '어디'에는 '무엇'이 있다)

문형 : 명사성 단어(조합) '누구 / 어디' + 有 + 명사 성 단어(조합) '무엇'

☞ N_1 有 N_2。

Nǐ jiā yǒu jǐ kǒu rén?
A: 你 家 有 几 口 人?
너의 집에는 식구가 몇 있냐?

Wǒ jiā yǒu jiǔ kǒu rén。 (sān / sì / qī)
B: 我 家 有 九 口 人。 (三 / 四 / 七)
우리 집에는 아홉 식구가 있습니다. (세 / 네 / 일곱)

Nǐ jiā dōu yǒu shuí?
A: 你 家 都 有 谁?
너의 집에는 모두 누가 있니?

Yǒu bàba、 māma, hái yǒu yī ge jiějie。
B: 有 爸爸、妈妈, 还 有 一 个 姐姐。
아버지, 어머니 그리고 누나 한 분이 있다.

Nǐ yǒu diànnǎo ma?
A: 你 有 电脑 吗?
너는 컴퓨터가 있니?

Wǒ yǒu diànnǎo。 (méiyǒu)
B: 我 有 电脑。 (没有)
나는 컴퓨터가 있다. (없다)

고전시낭독

Xún yǐnzhě bù yù　Jiǎ Dǎo
寻隐者不遇　贾岛

은자(隱者) 찾아가 못 만나　가도

sōng xià wèn tóng zǐ,
松 下 问 童 子，
소나무 아래 동자에게 물어보니

yán shī cǎi yào qù。
言 师 采 药 去
말하길 "스승님은 약초 캐러 나갔는데,

zhǐ zài cǐ shān zhōng,
只 在 此 山 中，
다만 이 산속에 계시겠지만

yún shēn bù zhī chù。
云 深 不 知 处。
구름이 깊어 어디 계신지 모릅니다."

3.1.2. 2음절 비교 연습

▶▶Track 6

b－p 비교 연습

bāpí(扒皮) 껍질을 벗기다

báipǎo(白跑) 헛걸음

bēnpǎo(奔跑) 빠르게 달리다

p－b 비교 연습

páibǎn(排版) 편집/배열하다

pángbiān(旁边) 옆, 곁

pǎobù(跑步) 구보

d－t 비교 연습

dàitì(代替) 대신(체)하다

dàngtiān(当天) 당일, 그 날

dìtiě(地铁) 지하철

t－d 비교 연습

táidēng(台灯) 전기스탠드

tānduō(贪多) 욕심을 많이 내다

tèdiǎn(特点) 특징, 특색, 특성

발음 굳히기

Dàtīng tǐng dà。
大厅 挺 大。
홀은 매우 크다.

Dìtiě tōng diàn。
地铁 通 电。
지하철엔 전기가 흐른다.

Zuò dìtiě dàngtiān dàodá。
坐 地铁 当天 到达。
지하철을 타면 당일에 도착한다.

말 배우기 6 ('무엇'은 '어디'에 있다)

문형 : 명사성 단어(조합), '무엇'+在+명사성 단어(조합) '어디'

☞ N_1 在 N_2。

Nǐ gēge zài nǎr?

A: 你 哥哥 在 哪儿?

너의 형(오빠)는 어디에 있니?

Tā zài xuéxiào。(túshūguǎn / Zhōngguó / Měiguó)

B: 他 在 学校。(图书馆 / 中国 / 美国)

그는 학교에 있다. (도서관 / 중국 / 미국)

Nǐ xiànzài zài nǎr?

A: 你 现在 在 哪儿?

너 지금 어디 있니?

Wǒ zài túshūguǎn。(jiàoshì)

B: 我 在 图书馆。(教室)

나 도서관에 있다. (교실)

고전시낭독

Chūnxiǎo Mèng Hàorán
春晓 孟浩然

봄잠에서 깨어나 맹호연

chūn mián bù jué xiǎo,
春 眠 不 觉 晓,
봄잠에서 깨어나니 어느새 날이 밝아,

chù chù wén tí niǎo。
处 处 闻 啼 鸟。
곳곳에서 들리나니 우짖는 새소리.

yè lái fēng yǔ shēng,
夜 来 风 雨 声,
밤새도록 불던 사나운 비바람에

huā luò zhī duō shǎo。
花 落 知 多 少。
꽃잎은 얼마나 떨어졌을까.

g-k-h 비교 연습

g-k

gàikuò(概括) 요약하다

gǎnkuài(赶快) 빨리, 급히

gǎngkǒu(港口) 항구

g-h

gànhuó(干活) 일하다

gānghǎo(刚好) 꼭 알맞다, 때마침

guīhuán(归还) 되돌려주다

k-g

kāiguān(开关) 스위치, 개폐기

kānguǎn(看管) 감시하다, 돌보다

kuānguǎng(宽广) 넓고 평평하다

k-h

kāihuā(开花) 꽃 피다

kānhù(看护) 보살피다

kǒnghuāng(恐慌) 두려워 어쩔 바 모르다

h－g

hǎiguān(海关) 세관

Hánguó(韩国) 한국

hǎogǎn(好感) 호감

h－k

hángkōng(航空) 항공

hǎokàn(好看) 아름답다, 보기 좋다

hékuàng(何况) 하물며

발음 굳히기

Gùkè kǒukě。
顾客 口渴。
손님은 목이 마르다.

Tiāntiān kāihuì。
天天 开会。
매일 회의한다.

Hǎokàn bu hǎokàn?
好看 不 好看?
예쁘냐?

Kāiguān huài le。
开关 坏 了。
스위치가 고장 났다.

말 배우기 7 (의문문 1, 의문대명사)

Tā shì shuí?
他 是 谁?
저 남자는 누구니?

Nǐ qù nǎr?
你 去 哪儿?
너는 어디 가니?

Zhè shì shénme?
这 是 什么?
이것은 무엇이니?

Jīntiān xīngqī jǐ?
今天 星期几?
오늘은 무슨 요일이니?

Xiànzài jǐ diǎn?
现在 几 点?
지금 몇 시니?

Tiān'ānmén zěnme qù?
天安门 怎么 去?
천안문은 어떻게 가죠?

3.1.3. 다음절 비교 연습

▶▶Track 7

pútaotáng(葡萄糖) 포도당

pīngpāngqiú(乒乓球) 탁구, 탁구공

pǔtōngyībīng(普通一兵) 평범한 한 사병/일원

píngtóupǐnzú(评头品足) 이러쿵저러쿵 함부로 비평하다

tūntūntǔtǔ(吞吞吐吐) 우물쭈물하다, 떠듬거리다

tuōkǒuérchū(脱口而出) 엉겁결에 말을 뱉어내다

kěkǒukělè(可口可乐) 코카콜라

kuākuāqítán(夸夸其谈) 호언장담하다, 큰소리치다

3.2. 권설음(zh, ch, sh)과 설첨음(z, c, s) 비교 연습

3.2.1. 1음절 비교 연습

▶▶Track 8

z - zh 비교 연습

zāi(灾) 재해 ---- zhāi(摘) 따다

zài(再) 또, 다시 ---- zhài(债) 빚

zǎo(早) 일찍, 아침 ---- zhǎo(找) 찾다

zào(造) 만들다 ---- zhào(照) 비추다

발음 굳히기

Jīnnián zhèli zāozāi hěn yánzhòng。

今年 这里 遭灾 很 严重。

금년에 여기는 매우 심한 재해를 입었다.

Zuòzhě de zhùzuò。

作者 的 著作。

저자의 저서.

Zǎochén zhǎo jìngzi zhào yi zhào。

早晨 找 镜子 照 一 照。

아침에 거울을 찾아서 비추어 보아라.

말 배우기 8 (의문문 2, 의문대명사)

Shuí lái le?
谁 来 了?
누가 왔니?

Shénme shuǐguǒ zuì hǎochī?
什么 水果 最 好吃?
무슨 과일이 제일 맛있니?

Túshūguǎn zài nǎli?
图书馆 在 哪里?
도서관은 어디에 있니?

Nǐ yào shénmeyàng de yīfu?
你 要 什么样 的 衣服?
너는 어떤 모양의 옷을 원하니?

c - ch 비교 연습

cáo(曹)(성)조 ---- cháo(潮) 조수

cǎo(草) 풀 ---- chǎo(炒) 볶다

céng(层) 층, 겹 ---- chéng(成) 이루다

cáng(藏) 숨다, 숨기다 ---- cháng(长) 길다

발음 굳히기

Chángchéng cháng。
长城 长。
만리장성은 길다.

Chángcháng chídào。
常常 迟到。
자주 지각한다.

Zhèli shèngchǎn shìzi。
这里 盛产 柿子。
여기는 감이 아주 많이 생산된다.

말 배우기 9 (동빈술어문)

문형 : (주어, 명사성 조합) + 동사 + 빈어(동사가 언급하는 사물)

☞ N_1+V+N_2

Nǐ chī shá?

A: 你 吃 啥? 너 뭘 먹을래?

Wǒ chī shēngcài。(chǎocài / cǎoméi / xīhóngshì)

B: 我 吃 生菜。 (炒菜 / 草莓 / 西红柿)

나는 상추를 먹겠다. (볶음요리 / 딸기 / 토마토)

Nǐ hē shénme?

A: 你 喝 什么? 너 뭘 마실래?

Wǒ hē kuàngquánshuǐ。(shēngpíjiǔ / guǒzhī / kāfēi)

B: 我 喝 矿泉水。 (生啤酒 / 果汁 / 咖啡)

나는 생수를 마시겠다. (생맥주 / 쥬스 / 커피)

Tā shàng nǎr?

A: 他 上 哪儿? 저 사람은 어디 가니?

Tā shàng yīyuàn。

B: 他 上 医院。 저 사람은 병원에 간다.

(xuéxiào / Běijīng / Shǒuěr / huǒchēzhàn)

(学校 / 北京 / 首尔 / 火车站)

(학교 / 북경 / 서울 / 기차역)

s - sh 비교 연습

sū(苏)(성)소 ---- shū(书) 책

sǎn(伞) 우산 ---- shǎn(闪) 번개

sǎo(扫) 쓸다 ---- shǎo(少) 적다

sōu(搜) 수색하다 ---- shōu(收) 받다

발음 굳히기

Zuótiān wǒ shàng le sān cì shān。
昨天 我 上 了 三 次 山。
어제 나는 산에 세 번 갔다.

Dǎ shǎn le dǎ sǎn。
打 闪 了 打 伞。
번개 치니 우산을 쓴다.

말 배우기 10 (의문사, 수사)

Nǐ jīnnián duō dà le?

A: 你今年 多 大了?

너 금년에 나이가 얼마나 됩니까?

Wǒ èrshí suì。

B: 我 二十 岁。 나는 20세입니다.

Nǐ jǐ suì le?

A: 你 几 岁 了? 너 몇 살이니?

Wǒ jiǔ suì。

B: 我 九 岁。 나는 9살이에요.

Nǐ de diànhuàhàomǎ shì duōshao?

A: 你 的 电话号码 是 多少?

너의 전화번호는 어떻게 되니?

èr jiǔ sān - wǔ qī bā liù。

B: 二 九 三 - 五 七 八 六。

293-5786이다.

Nǐ shì nǎ nián chūshēng de?

A: 你 是 哪 年 出生 的?

너 어느 해 태어났니?

Yī jiǔ jiǔ líng nián chūshēng de。

B: 一九九零 年 出生 的。

1990년에 태어났다.

알아두기 :

중국어에서 수 '2'는 1의 자리와 10의 자리에서는 '二 èr'로 발음하고 백, 천, 만, 억의 자리에서는 '二 èr'이나 '兩 liǎng'으로 발음한다. 한자리 수 뒤에 양사가 오면 모두 '兩 liǎng'으로 발음한다('두 냥', '두 분께서'는 반드시 '二兩 èr liǎng'과 '二位 èr wèi'로 발음한다). 예로 : 222,222는 '二十二萬二千二百二十二 èr shí wàn èr qiān èr bǎi èr shí èr' 또는 '二十二萬兩千兩百二十二 èr shí èr wàn liǎng qiān liǎng bǎi èr shí èr'로 읽는다. '두 권'은 '兩本 liǎng běn'으로, '22권'은 '二十二本 èr shí èr běn'으로 발음한다.

고전시낭독

Yèsùshānsì　　Lǐ Bái
夜宿山寺　　李白

산사에서 밤을 보내며　　이백

wēi　lóu　gāo　bái　chǐ,
危　楼　高　百　尺，
아찔한 산사 높이 백 척이나 되는 듯

shǒu　kě　zhāi　xīng　chén。
手　可　摘　星　辰。
손만 뻗으면 하늘의 별도 딸 것만 같아

bù　gǎn　gāo　shēng　yǔ,
不　敢　高　声　语，
감히 큰 소리로 말하지 못하는 것은

kǒng　jīng　tiān　shàng　rén。
恐　惊　天　上　人。
천상의 선인들 놀랠까 두려워.

l－r 비교연습

lán(兰) 난 ---- rán(然) 그러하다

làng(浪) 파도 ---- ràng(让) 양보하다

lú(炉) 화로 ---- rú(如) 만약

lù(路) 길 ---- rù(入) 들어오/가다

발음 굳히기

Súhuà shuō, shān zài gāo yě zài rénjiǎo xià。
俗话 说， 山 再 高 也 在 人脚 下。
속담에 이르기를 산이 아무리 높아도 사람의 발밑에 있다.

Cāochǎngshang zhǎngchū le bù shǎo zácǎo。
操场上 长出 了不 少 杂草。
운동장에는 잡초들이 많이 자라났다.

Lǎo dǎrǎo lǎorén。
老 打扰 老人。
자꾸만 노인을 귀찮게 한다.

말 배우기 11 (대명사, 물음 3)

Nǐ jiějie shénme shíhou lái?
A: 你 姐姐 什么 时候 来?
너의 언니는 언제 오니?
Míngtiān lái。
B: 明天 来。
내일 와요.

Nǎ ge shì nǐ de yuánzhūbǐ?
A: 哪 个 是 你 的 圆珠笔?
어느 것이 너의 볼펜이니?
Nà ge shì wǒ de yuánzhūbǐ。
B: 那个是 我的 圆珠笔。
그것이 내 볼펜이다.

Nǐmen nǎ tiān xiūxi?
A: 你们 哪 天 休息?
너희들 어느 날에 쉬니?
Hòutiān xiūxi。
B: 后天 休息。
모레에 쉬어요.

3.2.2. 2음절 비교 연습

▶▶Track 9

zh, ch, sh 연용

zhànzhēng(战争) 전쟁

zhēnzhèng(真正) 진정한, 참된

zhǎngshēng(掌声) 박수소리

zhèngshì(正式) 정식으로

chuàngshǐ(创始) 창시

chūshēng(出生) 시작하다, 태어나다

shīzhí(失职) 직무상의 과실

shènzhì(甚至) 심지어

shēngshū(生疏) 생소하다

shíshì(时事) 시사

말 배우기 12 (대명사, 의문문)

Zhèr yǒu yóujú ma?

A: 这儿 有 邮局 吗?

여기는 우체국이 있니?

Zhèr yǒu yóujú。

B: 这儿 有 邮局。

여기는 우체국이 있다.

Nàli tiānqì hǎo ma?

A: 那里 天气 好 吗?

거기는 날씨가 좋으니?

Nàli tiānqì hǎo。

B: 那里 天气 好。

거기는 날씨가 좋다.

고전시낭독

Jiāngxuě Liǔ Zōngyuán
江雪 柳宗元

강엔 눈 내리고 류종원

qiān shān niǎo fēi jué,
千 山 鸟 飞 绝,
천산에 새들도 깃을 접고 사라지고

wàn jìng rén zōng miè。
万 径 人 踪 灭。
모든 길 사람 발자취 끊기고

gū zhōu suō lì wēng,
孤 舟 蓑 笠 翁,
외로운 쪽배에 도롱이 쓴 늙은 어부

dú diào hán jiāng xuě。
独 钓 寒 江 雪。
눈 내리는 차가운 강에서 홀로 낚시하네.

3.2.3. z, c, s와 zh, ch, sh 비교 연습

▶▶Track 10

z - zh

zǔlì(阻力) 저항력

zhǔlì(主力) 주력

zīyuán(资源) 자원

zhīyuán(支援) 지원하다

c - ch

cūbù(粗布) 질이 거친 천

chūbù(初步) 초보

luàncǎo(乱草) 흐트러진 풀

luànchǎo(乱吵) 마구 떠들어대다

s - sh

sīrén(私人) 개인

shīrén(诗人) 시인

sōují(搜集) 찾아 모으다

shōují(收集) 모으다, 수집하다

말 배우기 13 (대명사, 의문문)

Jīntiān jǐ yuè jǐ hào?

A: 今天 几 月 几 号?

오늘은 몇 월 며칠이니?

Jīntiān liù yuè èrshíèr hào。

B: 今天 六 月 二十二 号。

오늘은 6월 22일이다.

Zhè xīguā zěnme mài?

A: 这 西瓜 怎么 卖?

이 수박은 어떻게 팔아요?

Yí kuài qián sān jīn。

B: 一 块 钱 三 斤。

1원에 세 근입니다.

Zuótiān nǐ zuò shénme le?

A: 昨天 你做 什么 了?

어제 너 뭐했니?

Zuótiān wǒ kàn diànyǐng le。 (diànshì)

B: 昨天 我 看 电影 了。(电视)

어제 나 영화 보았다. (텔레비전)

Māma zǎochén qù ne, zhōngwǔ qù ne?

A: 妈妈 早晨 去 呢, 中午 去 呢?

어머니는 아침에 가시니, 점심때 가시니?

Zǎochén qù。 (zhōngwǔ)

B: 早晨 去。(中午)

아침에 가신다. (점심때)

알아두기 :

중국화폐의 기본단위는 '元 yuán'이다. 1元은 1块 kuài라고 하며 10角 jiǎo, 10毛 máo, 100分 fēn과 같다.

중국의 법적 통일 도량형

길이 : 미터(m) -- 米 mǐ 혹은 公尺 gōngchǐ
킬로미터(km) -- 公里 gōnglǐ
1km = 1千米 = 1公里

면적 : 평방미터(m^2) -- 平方米 píngfāngmǐ, 平米 píngmǐ, 平方公尺 píngfānggōngchǐ
$1m^2$ = 1平方米 = 1米×1米

체적 : 입방미터(m^3) -- 立方米 lìfāngmǐ, 立方 lìfāng
$1m^3$ = 1立方米 = 1米×1米×1米

용적 : 리터(ℓ) -- 升(shēng)
미리리터(mℓ) -- 毫升 háoshēng
1ℓ = 1升 = 1000毫升 = 1000mℓ

중량 : 그램(g) -- 克 kè
킬로그램(kg) -- 公斤 gōngjīn, 千克 qiānkè
톤(t) -- 公吨 gōngdūn
1kg = 1公斤 = 1000克 = 0.001公吨

무게단위로 중국에서는 아직 '근(斤 jīn)'을 사용하기도 한다.
1斤 = 500그램, 즉 1킬로그램은 2斤이다.

3.2.4. z, c, s와 zh, ch, sh 연용

▶▶Track 11

z - zh

zìzhì(自治) 자치하다

zūnzhòng(尊重) 존중하다

zìzhǔ(自主) 자주

zìzhuàn(自传) 자서전

zh - z

zhìzào(制造) 제조하다, 만들다

zhǒngzú(种族) 종족

zhǎngzǐ(长子) 맏아들

zhèngzài(正在) 바야흐로

c - ch

cāochǎng(操场) 운동장

cáichǎn(财产) 재산

cǐchù(此处) 이 곳

cuòchù(错处) 틀린 곳

ch－c

chúncuì (纯粹) 순하다

chācuò(差错) 착오

chǐcùn(尺寸) 치수

chǎocài(炒菜) 요리를 볶다, 볶음요리

s－sh

sōngshù(松树) 소나무

sùshè(宿舍) 기숙사

sǔnshī (损失) 손실, 손해(보다)

sǔnshāng(损伤) 손상되다

sh－s

shōusuō(收缩) 수축하다, 졸아들다

shísì (十四) 14

shēnsī (深思) 심사숙고, 깊이 생각하다

shēngsǐ (生死) 생사

발음 굳히기

Zhīyuán kāicǎi shíyóu zīyuán。
支援 开采 石油 资源。
석유 자원 개발을 지원하다.

Shīrén chūbǎn le sīrén shījí。
诗人 出版 了 私人 诗集。
시인은 개인 시집을 출판하였다.

Cǎocóngli cáng zhe gè zhǒng cǎochóng。
草丛里 藏 着 各 种 草虫。
풀숲에는 여러 종의 풀벌레들이 숨어 있다.

말 배우기 14 (물음 5)

문형 : (주어, 명사성 조합) + 긍정 + 부정?

Nǐ kàn bu kàn diànyǐng?
你 看 不 看 电影?
너 영화 보니, 안 보니?

Nǐ yǒu méi yǒu dìdi?
你 有 没 有 弟弟?
너는 남동생이 있니 없니?

Zhè shì bu shì cídiǎn?
这 是 不 是 辞典?
이것은 사전이니 아니니?

Bàba zài bu zài jiā?
爸爸 在 不 在 家?
아버지는 집에 계시니 안 계시니?

Jīntiān lěng bu lěng?
今天 冷 不 冷?
오늘 춥니 안 춥니?

잰말놀이(绕口令 ràokǒulìng)

Shísì shì shísì, sìshí shì sìshí, sìshísì shì sìshísì。
十四 是 十四, 四十 是 四十, 四十四 是 四十四.
14는 14고, 40은 40이며, 44는 44다.

Sìshísì shì sìshísì, bù shì sānshísì。
四十四 是 四十四, 不是 三十四。
44는 44이지, 34가 아니다.

3.2.5. 다음절 비교 연습

▶▶Track 12

zhīzhūwǎng(蜘蛛网) 거미줄

zhǐnánzhēn(指南针) 나침반

chángyòngzì(常用字) 상용 글자

chūbǎnshè(出版社) 출판사

chuàngzàoxìng(创造性) 창조성

shǒutíshì(手提式) 휴대용

zhèngzhìquánlì(政治权利) 정치권리

zhījǐzhībǐ(知己知彼) 지기지피

shíquánshíměi(十全十美) 완전무결하다

shēnsīshúlǜ (深思熟虑) 심사숙고하다

3.3. 설면음(j, q, x)과 권설음(zh, ch, sh) 및 설첨음(z, c, s)의 비교 연습

3.3.1. 1음절 비교 연습

▶▶Track 13

qī(七) 일곱	chī(吃) 먹다	cī(差) 들쭉날쭉
xī(西) 서	shī(诗) 시	sī(丝) 실
xiān(先) 먼저	shān(山) 산	sān(三) 셋
xiǎo(小) 작다	shǎo(少) 적다	sǎo(扫) 쓸다
jié(节) 마디	zhé(折) 꺾다	zé(择) 택하다
xīn(新) 새로운	shēn(身) 몸	sēn(森) 숲
xīng(星) 별	shēng(声) 소리	sēng(僧) 승려, 스님

말 배우기 15 (물음 6)

문형: 1) 서술 + 吧?

2) 서술$_1$ + (呢、啊), 서술$_2$ + (呢、啊)?

Nǐ shì Hánguórén ba?

你 是 韩国人 吧?

당신은 한국인이지요?

Nǐ míngtiān qù ne, hòutiān qù ne?

你 明天 去 呢, 后天 去 呢?

너 내일 갈 거야, 모레 갈 거야?

Nǐ mǎi dà de, háishì xiǎo de?

你 买 大 的, 还是 小 的?

너는 큰 것을 살 거니, 아니면 작은 것을 살 거니?

Zhè shì shǒujī a, zhàoxiàngjī a?

这 是 手机 啊, 照相机 啊?

이게 핸드폰이니 사진기니?

3.3.2. j, q, x와 zh, ch, sh 및 z, c, s의 2음절 연용

▶▶Track 14

j - zh

jìzhě(记者) 기자

jìnzhǎn(进展) 진전

jiàzhí(价值) 가치

jiànzhù(建筑) 건축하다, 건축물

zh - j

zhíjiē(直接) 직접

zhàojiù(照旧) 여전하다

zhēnjiǎ(真假) 진위

zháojí(着急) 조급하다

q - ch

qìchē(汽车) 자동차

qiēchú(切除) 잘라내다, 버리다

qīngchūn(青春) 청춘

qiúchǎng(球场) 구장

ch - q

chāoqún(超群) 뛰어나다

chǎnquán(产权) 재산권

chángqī(长期) 장기

chénqǔ(晨曲) 아침을 알리는 노래

x - sh

xǐshì(喜事) 경사

xiǎngshòu(享受) 누리다

xiǎoshí(小时) 시간

xiéshǒu(携手) 손을 잡다

sh - x

shāngxīn(伤心) 속상하다

shàngxún(上旬) 상순, 초순

shuōxiào(说笑) 담소하다

shùnxù(顺序) 순서

말 배우기 16 (의문문)

문형 : 서술 + 기타 의문 형식

Wǒmen yìqǐ qù ba, hǎo ma?

我们 一起 去 吧, 好 吗?

우리 같이 가자, 괜찮겠니?

Nǐ shì Zhōngguórén, duì bu duì?

你 是 中国人, 对 不 对?

당신은 중국인, 맞지요?

Nǐ shì Hánguórén, duì ba?

你 是 韩国人, 对 吧?

당은 한국인 맞지요?

Tā shì xuésheng, nǐ ne?

他 是 学生, 你 呢?

그는 학생인데, 너는?

Wǒ míngtiān shàng shān, nǐ qù bu qù?

我 明天 上 山, 你 去 不 去?

나는 내일 산에 오르는데, 너 갈래 안 갈래?

j-z

jízǎo(及早) 일찌감치

jiǎzào(假造) 가짜로 만들다

jiǎngzuò(讲座) 강좌

jǐnzǎo(尽早) 될수록 일찍

z-j

zájù(杂剧) 잡극

zàijiàn(再见) 다시 만나다, 안녕

zǒngjié(总结) 총결짓다

zàojù(造句) 작문하다

q-c

qícì(其次) 그 다음

qiáocuì(憔悴) 초췌하다

qíncài(芹菜) 셀러리

qíngcāo(情操) 정서

c - q

cáiquán(财权) 재산권

cíqǔ(词曲) 사곡

còuqiǎo(凑巧) 공교롭다

cúnqǔ(存取) 예입과 인출

x - s

xísú(习俗) 풍속습관

xiànsuǒ(线索) 실마리

xiāngsuí(相随) 뒤따르다

xíngsì(形似) 모양이 닮다

s - x

sǎoxìng(扫兴) 흥이 깨지다

suíxiǎng(随想) 생각에 따르다

sòngxíng(送行) 전송하다

sōuxún(搜寻) 수색하여 찾다

발음 굳히기

Xiàtiān xià shuǐ xǐzǎo hěn shūfu。

夏天 下 水 洗澡 很 舒服。

여름에 물에 들어가 목욕하면 시원하다.

Zìjǐ de zhījǐ zìjǐ zhīdào。

自己 的 知己 自己 知道。

본인의 지기는 스스로 안다.

Yuè zháojí yuè chūcuò, yuè chūcuò yuè zháojí。

越 着急 越 出错，越 出错 越 着急。

급할수록 더 틀리고, 틀릴수록 더 급해진다.

말 배우기 17 (부정문)

Wǒ bù mǎi zhàoxiàngjī。
我 不 买 照相机。
나는 사진기를 사지 않는다.

Wǒ méi mǎi zhàoxiàngjī。
我 没 买 照相机。
나는 사진기를 사지 않았다.

Māma bú zài jiā。
妈妈 不 在 家。
어머니는 집에 계시지 않는다.

Māma méi zài jiā。
妈妈 没 在 家。
어머니는 집에 계시지 않았다.

잰말놀이(绕口令 ràokǒulìng)

Zhòng zhǒngzi, zhòng zhǒngzhǒng zhǒngzi。
种　　种子，　种　　种种　　种子。
씨앗을 심는데, 여러 가지 씨앗을 심는다.

Zhòngcuò, zhòngcuò,
种错，　　种错，
잘못 심었어, 잘못 심었어,

Zhòngcuò le zhǒngzhǒng zhǒngzi。
种错　　了　种种　　种子。
여러 가지 씨앗을 모두 잘못 심었어.

zhòng	种	심다
zhǒngzhǒng	种种	여러 가지, 여러 종류
zhǒngzi	种子	종자, 씨앗
cuò	错	틀리다

고전시낭독

Chūnwàng Dù Fǔ
春望　杜甫

봄에 바라보다　두보

guó　pò　shān　hé　zài,
国　破　山　河　在,

나라 망했으나 산하는 의구하고

chéng　chūn　cǎo　mù　shēn。
城　春　草　木　深。

장안(長安)에 봄 왔으나 초목만 무성하네.

gǎn　shí　huā　jiàn　lèi,
感　时　花　溅　泪,

시국이 스산하니 꽃잎도 눈물 짖고

hèn　bié　niǎo　jīng　xīn。
恨　别　鸟　惊　心。

이별이 애절하여 새소리에도 놀라는 가슴.

fēng huǒ lián sān yuè,
烽 火 连 三 月,

봉화는 3개월 연달아 오르고

jiā shū dí wàn jīn。
家 书 抵 万 金。

집에 오는 편지 금보다도 귀하네.

bái tóu sāo gèng duǎn,
白 头 搔 更 短,

백발 애꿎게 긁으니 더욱 짧아져

hún yù bù shèng zān。
浑 欲 不 胜 簪。

전혀 비녀도 이기지 못하는구나.

3.3.3. j, q, x와 zh, ch, sh 및 z, c, s 비교

▶▶Track 15

jǐhé(几何) 기하

zhǐhé(纸盒) 종이상자(곽)

jìdù(忌妒) 질투하다

zhìdù(制度) 제도

qízi(旗子) 깃발

chízi(池子) 못, 욕조

qīliáng(凄凉) 쓸쓸하다, 처량하다

chīliáng(吃粮) 양식을 먹다, 먹을 양식

gōngzī(工资) 급여

gōngjī(公鸡) 수탉

shēngcí(生词) 새 단어

shēngqí(升旗) 깃발을 게양하다

3.3.4. 다음절 단어 발음연습

▶▶Track 16

jíjiùxiāng(急救箱) 구급상자

jīqìrén(机器人) 로봇

xiǎngxiànglì(想像力) 상상력

xīnshēngér(新生儿) 신생아

quánxīnquányì(全心全意) 온 마음 온 뜻으로

qúncèqúnlì(群策群力) 모두가 지혜와 힘을 합쳐

xíngxíngsèsè (形形色色) 형형색색

xuěshàngjiāshuāng(雪上加霜) 설상가상

말 배우기 18 (시태조사 '了, 过, 着'와 부사 '在')

Bàba mǎi le yī liàng xīn chē。
爸爸 买 了 一 辆 新 车。
아버지는 새 차 한 대를 샀다.

Wǒ qù guo liǎng cì Zhōngguó。
我 去 过 两 次 中国。
나는 중국에 두 번 간 적이 있다.

Mèimei tǎng zhe kàn shū。
妹妹 躺 着 看 书。
여동생은 누워서 책을 본다.

Háizi kū zhe kū zhe shuìzháo le。
孩子 哭 着 哭 着 睡着 了。
아기는 울다울다가 잠이 들었다.

Nǐ zài zuò shénme?
你 在 做 什么?
너 (지금) 뭐 하고 있니?

3.4. l-r 비교 연습

3.4.1. 1음절 비교 연습

▶▶Track 17

lè(乐) 기뻐하다 ------ rè(热) 덥다

lì(例) 예 ------ rì(日) 일, 해

làng(浪) 물결 ------ ràng(让) 양보하다, ~시키다

lóng(龙) 용 ------ róng(荣) 영광

lòu(漏) 새다 ------ ròu(肉) 고기

lù(路) 길 ------ rù(入) 들어가다

luǎn(卵) 알 ------ ruǎn(软) 부드럽다

luò(落) 떨어지다 ------ ruò(弱) 약하다

발음 굳히기

Wàibian lěng, wūli yě bù rè。
外边 冷，屋里 也 不热。
밖이 추우니 실내도 덥지 않다.

Nǐ huì zuò Zhōngguó liàolǐ ma?
你 会 做 中国 料理 吗?
너 중국요리 할 줄 아니?

Chūntiān nuǎnhuo, xiàtiān rè,
春天 暖和，夏天 热，
봄날은 따스하고, 여름은 덥고,

Qiūtiān liángshuǎng, dōngtiān lěng。
秋天 凉爽，冬天 冷。
가을은 서늘하고, 겨울은 춥다.

말 배우기 19 (시간과 장소를 나타내는 부사어)

Wǒ zài jiàoshì xuéxí Hànyǔ。
我 在 教室 学习 汉语。
나는 교실에서 중국어를 공부한다.

Wǒmen zuótiān kǎoshì le。
我们 昨天 考试 了。
우리는 어제 시험 보았다.

Jīntiān dìdi zài xuéxiào chī wǎnfàn。
今天 弟弟 在 学校 吃 晚饭。
오늘 아우는 저녁을 학교에서 먹는다.

Nǐ zǎochén jǐ diǎn qǐchuáng?
你 早晨 几 点 起床?
너 아침에 몇 시에 일어나니?

고전시낭독

Jiǔyuè jiǔrì yì Shāndōng xiōngdì Wáng Wéi
九月 九日 忆 山东 兄弟　王维

9월 9일 산동의 형제를 그리며　왕유

dú zài yì xiāng wéi yì kè,
独 在 异 乡 为 异 客,

홀로 객지에서 타향살이 하노라니

měi féng jiā jié bèi sī qīn。
每 逢 佳 节 倍 思 亲。

명절마다 가족 생각 더더욱 간절하네.

yáo kàn xiōng dì dēng gāo chù,
遥 看 兄 弟 登 高 处,

아득히 형제들 높은 산 올라가는 모습 그려보니

biàn chā zhū yú shǎo yī rén。
遍 插 茱 萸 少 一 人。

산수유 꽂는 곳에 한 사람(나)만 빠졌네.

3.4.2. 2음절 비교 연습

▶▶Track 18

r-r 연용

rénrén(人人) 사람마다

rěnràng(忍让) 참고 양보하다

rěnrǔ(忍辱) 욕됨을 참다

réngrán(仍然) 여전히

róuruǎn(柔软) 유연하다

róuruò(柔弱) 연약하다, 유약하다

l-l 연용

láilì(来历) 내력

lǎoliàn(老练) 노련하다

liánlèi(连累) 연루하다

liànglì(亮丽) 아름답다

liàolǐ(料理) 요리

lǒngluò(笼络) 농락하다

r-l 연용

ránliào(燃料) 연료

rǎnliào(染料) 염료

rèliàn(热恋) 열애

rèliè(热烈) 열렬히

rénlèi(人类) 인류

rénliú(人流) 인파

l-r 연용

lǎorén(老人) 노인

lěngrè(冷热) 냉온, 춥고 더움

lìrùn(利润) 이윤

lìrú(例如) 예를 들면

liànrén(恋人) 연인

lièrén(猎人) 사냥꾼

r-l 비교

búrè(不热) 덥지 않다 --- búlè(不乐) 즐거워 안 한다

chūrù(出入) 출입 --- chūlù(出路) 출로

rìzi(日子) 날 --- lìzi(例子) 예

3.4.3. 다음절 연습

▶▶Track 19

rénmínbì(人民币) 중국화폐

rìyòngpǐn(日用品) 일용품

liáoyǎngyuàn(疗养院) 요양원

liánhuānhuì(联欢会) 친목회

rěnwúkěrěn(忍无可忍) 참을래야 참을 수 없다

rénshānrénhǎi(人山人海) 인산인해

발음 굳히기

Tā ài zìjǐ de liànrén, ài de hěn rèliè。
他 爱 自己 的 恋人, 爱 得 很 热烈。
그는 자기의 연인을 사랑하는데, 너무나 열렬히 사랑한다.

Tiānqì rè le tā lè, tiānqì bù rè tā bù lè。
天气 热 了 她 乐, 天气 不 热 她 不 乐。
날씨가 더우면 그녀는 기뻐하고, 날씨가 덥지 않으면 그녀는 기뻐하지 않는다.

말 배우기 20 (과거형 / 현재형 / 미래형 의문)

문형 : 현재 / 미래형 : 동사 / 형용사 + 不 + 동사 / 형용사
과거형 : 동사 / 형용사 + 没 + 동사 / 형용사

Nǎinai lái bu lái?	(Nǎinai lái。)
奶奶 来 不 来?	(奶奶 来。)
할머니는 오시니 안 오시니?	(할머니는 오신다.)
Nǎinai lái mei lái?	(Nǎinai méi lái。)
奶奶 来 没 来?	(奶奶 没 来。)
할머니는 오셨니 안 오셨니?	(할머니는 안 오셨다.)
Mèimei mǎi bu mǎi cài?	(Mèimei bù mǎi。)
妹妹 买 不 买 菜?	(妹妹 不 买。)
여동생은 야채를 사니 안사니?	(여동생은 안 산다.)
Mèimei mǎi méi mǎi cài?	(Mèimei mǎi le。)
妹妹 买 没 买 菜?	(妹妹 买 了。)
여동생은 야채를 샀니 안 샀니?	(여동생은 샀다.)

잰말놀이(绕口令 ràokǒulìng)

Wǒ bù lā rén, lā làrǎnbù。
我 不 拉 人，拉 蜡染布。
나는 사람을 태우지 않고 염색한 포목을 싣는다.

拉	lā	싣다, 당기다
蜡染布	làrǎnbù	밀랍이나 초를 이용하여 염색한 포목

3.5. f-h 비교 연습

▶▶Track 20

f-f 연용

fāngfǎ(方法) 방법

fǎngfú(仿佛) 마치

fēifán(非凡) 비범하다

fēngfù(丰富) 풍부하다

h-h 연용

hǎohàn(好汉) 사내대장부, 호걸

héhuā(荷花) 연꽃

huánghòu(皇后) 황후

huìhuà(绘画) 그림을 그리다, 회화

f-h, h-f 연용

fāhuī(发挥) 발휘하다

fánhuá(繁华) 번화하다

fēnhuà(分化) 분화하다

fēnghuà(风化) 풍화

hǎifēng(海风) 해풍

hánfēng(寒风) 찬바람

héfǎ(合法) 합법적이다

hēifà(黑发) 검은 머리

발음 굳히기

Wǒ mǎi héhuā。(méiguihuā / júhuā)
我 买 荷花。(玫瑰花 / 菊花)
나는 연꽃을 산다. (장미꽃 / 국화)

Wǒ yào fěnhóngsè de。(hóngsè / huángsè / hēisè / huīsè)
我 要 粉红色 的。(红色 / 黄色 / 黑色 / 灰色)
나는 분홍색을 살 것이다. (붉은색 / 노란색 / 검은색 / 회색)

Chūntiān dào le, nuǎnfēng chuīlái, xiānhuā fēnfāng。
春天 到 了, 暖风 吹来, 鲜花 芬芳。
봄이 오면 따스한 바람이 불어오고 꽃들이 싱그럽다.

잰말놀이(绕口令 ràokǒulìng)

Yǒu de huàféi huì huīfā; yǒu de huàféi huì fēnghuà fēnjiě。
有 的 化肥 会 挥发; 有 的 化肥 会 风化 分解。
어떤 화학비료는 휘발할 수 있고 어떤 화학비료는 풍화되어 분해될 수 있다.

有的	yǒu de	어떤
化肥	huàféi	화학비료
会	huì	~수 있다
挥发	huīfā	휘발하다
风化	fēnghuà	풍화되다
分解	fēnjiě	분해하(되)다

말 배우기 21 (조동사1)

문형 : (주어) + 조동사 + 동사 + (빈어)

Tā huì bu huì shuō Zhōngguóyǔ? (bù huì。)
他会不会 说 中国语。 （不 会。）
저 사람은 중국어를 할 줄 아니 모르니? (모른다.)

Jīntiān bù huì xiàyǔ ba? (Jīntiān bù huì xià。)
今天 不会 下雨 吧?（今天 不会 下。）
오늘은 비가 안 올 것이지? (오늘은 비가 안 올 것이다.)

Tiān yào xiàyǔ ma? (bù huì xià。)
天 要 下雨 吗?（不 会 下。）
(날씨가) 비가 오려나? (안 올 것이다.)

Tā jīntiān néng lái ma? (Tā néng lái。)
他 今天 能 来 吗?（他 能 来。）
그는 오늘 올 수 있니? (그는 올 수 있다.)

Wǒ kěyǐ zuò zhèr ma? (kěyǐ。)
我 可以 坐 这儿 吗? （可以。）
나 여기 앉아도 됩니까? (됩니다.)

잰말놀이(绕口令 ràokǒulìng)

Huáhua ài huà huàr, huà huàr jiù huà huār,
华华 爱 画 画儿, 画 画儿 就 画 花儿,
huà huār huà héhuā。
画 花儿 画 荷花。
화화는 그림 그리기를 좋아하는데 그림을 그리면 꽃을 그리고
꽃을 그리면 연꽃을 그린다.

Huà le hóng héhuā, zài huà bái héhuā,
画 了 红 荷花, 再 画 白 荷花,
hái huà fěn héhuā。
还 画 粉 荷花。
붉은 연꽃을 그리고 나서 흰 연꽃을 그리고
또 분홍색 연꽃을 그린다.

华华	Huáhua	(이름)화화
爱	ài	즐겨하다
画	huà	그리다
画儿	huàr	그림
就	jiù	곧
花儿	huār	꽃
荷花	héhuā	연꽃
再	zài	재차, 다시, 또
还	hái	또, 더
粉	fěn	분홍

고전시낭독

Chūnyèxǐyǔ Dù Fǔ
春夜喜雨 杜甫

봄밤에 내리는 단비 두보

hǎo yǔ zhī shí jié,
好 雨 知 时 节,

절기에 맞추어 내리는 단비에

dāng chūn nǎi fā shēng。
当 春 乃 发 生。

봄이라 새싹들이 어김없이 돋아나네.

suí fēng qián rù yè,
随 风 潜 入 夜,

실바람 타고서 밤중에 보슬보슬

rùn wù xì wú shēng。
潤 物 细 无 声。

만물을 적시며 소리 없이 내리네.

yě　jìng　yún　jù　hēi,
野　径　云　俱　黑,

들판의 오솔길은 구름에 덮였는데

jiāng　chuán　huǒ　dú　míng。
江　船　火　独　明。

고기배의 불빛만 강물에 가물가물.

xiǎo　kàn　hóng　shī　chù,
晓　看　红　湿　处,

새벽에 일어나니 금관성*에 울긋불긋

huā　chóng　jǐn　guān　chéng。
花　重　錦　官　城。

물기 먹은 꽃송이들 아름답게 피어났네.

* 금관성--현재의 사천성 성도시

04.

운모

중국어 발음연습

4.1. o-e 비교 연습

▶▶Track 21

o-e 비교 연습

pópo 婆婆 할머니, 시어머니

bóbo 伯伯 백부, 큰아버지

lèle 乐乐 즐기다, 웃다

hégé 合格 합격

tèsè 特色 특색

kèchē 客车 여객차

o-e 연용

pògé 破格 파격적으로

wòchē 卧车 침대차

cèwò 侧卧 옆으로 눕다

gēbo 胳膊 팔

bùkězhuōmō 不可捉摸 짐작할 수 없다

xìnggéhuópō 性格活泼 성격이 활발하다

fúhéyuánzé 符合原则 원칙에 부합하다

hégémótèr 合格模特儿 자격을 갖춘 모델

말 배우기 22 (조동사 2)

Wǒ xiǎng míngnián qù Zhōngguó。
我 想 明年 去 中国。
나는 내년에 중국에 갈까(생각)한다.

Nǐ yào mǎi shénme?
你 要 买 什么?
당신은 무엇을 사렵니까?

Shí diǎn le, wǒ děi huíjiā le。
十 点 了, 我 得 回家 了。
열시구나, 나는 집에 가야겠다.

Míngtiān gāi mǎi huǒchēpiào le。
明天 该 买 火车票 了。
내일은 기차표를 사야 한다.

고전시낭독

Yǒngé　Luò Bīnwáng
咏鹅　骆宾王

거위　락빈왕

é,　é,　é,
鹅，鹅，鹅，

꿱, 꿱, 꿱,

qū　xiàng　xiàng　tiān　gē,
曲　项　向　天　歌，

고개 젖혀 하늘 향해 노래히네,

bái　máo　fú　lǜ　shuǐ,
白　毛　浮　绿　水，

흰 깃털 푸른 물에 동동 떠있고

hóng　zhǎng　bō　qīng　bō。
红　掌　拨　清　波。

붉은 발은 푸른 물결 가르네.

4.2. i-ü 비교 연습

▶▶Track 22

i-ü 비교 발음

yǐ(以) -로써	yǔ(语) 말, 어
qǐ(起) 일어나다	qǔ(取) 취하다
lì(力) 힘	lǜ(绿) 푸르다
nǐ(你)	nǚ(女)

bǐyì(比翼) 나란히 날다	bǐyù(比喻) 비유하다
liánxì(联系) 연계하다	liánxù(连续) 연속적으로
shūjí(书籍) 서적	shūjú(书局) 출판사
dàyí(大姨) 이모	dàyú(大鱼) 큰 고기
yǒuqì(有气) 숨이 있다	yǒuqù(有趣) 재미있다
bùjí(不急) 급하지 않다	bùjú(布局) 배치하다

i-i 연용

bǐjì(笔记) 필기하다	jìyì(记忆) 기억, 기억하다
píqi(脾气) 성깔, 성질	lìjí(立即) 즉시, 바로

ü-ü 연용

lǚlǚ (屡屡) 번번히 nǚxù 女婿 사위
yǔjù (语句) 어구 qǔjù (曲剧) 곡극

i-ü, ü-i 연용

bìxū 必须 반드시 dìqū 地区 지역
lìjù 例句 예문 tǐyù 体育 체육
jǔlì 举例 예를 들다 lǚlì 履历 이력
yǔyī 雨衣 비옷 yǔjì 雨季 우기

발음 굳히기

Wǒmen liánxù liánxì jǐ cì, dōu méi liánxìshang。
我们 连续 联系 几 次，都 没 联系上。
우리는 계속 몇 차례 연락했지만 모두 연락하지 못했다.

Wǒmen bìxū jìxù jiāqiáng jìlǜxìng。
我们 必须 继续 加强 纪律性。
우리는 반드시 기강을 계속 강화해야 한다.

고전시낭독

Gǔyuáncǎo　Bái Jūyì

古原草　白居易

들풀　백거이

lí	lí	yuán	shàng	cǎo,
离	离	原	上	草，

아득한 초원 위의 풀,

yí	suì	yì	kū	róng。
一	岁	一	枯	荣。

해마다 시들었다 다시 무성하네.

yě	huǒ	shāo	bù	jìn,
野	火	烧	不	尽，

세찬 들불에도 다 타죽지 않고,

chūn	fēng	chuī	yòu	shēng。
春	风	吹	又	生。

봄바람 불어오니 또다시 돋아나네.

yuǎn fāng qīn gǔ dào,
远 芳 侵 古 道,

아득한 풀 향기 그윽이 옛길 뒤덮고,

qīng cuì jiē huāng chéng。
晴 翠 接 荒 城。

파랗게 황폐한 성벽까지 뻗어있네.

yòu sòng wáng sūn qù,
又 送 王 孙 去,

오늘도 벗을 멀리 떠나보내려니,

qī qī mǎn bié qíng。
凄 凄 满 别 情。

쓸쓸히 석별의 정 넘쳐나네.

4.3. ai - ei 비교 연습

▶▶Track 23

1성	2성	3성	4성
bāi(掰) (손으로)쪼개다	bái(白) 희다, 헛~	bǎi(百) 100	bài(败) 패하다
bēi(杯) 잔, 컵	0	běi(北) 북(쪽)	bèi(背) 등
hāi(嗨) (소리)헤이	hái(还) 또, 아직	hǎi(海) 바다	hài(害) 해하다
0	méi(没) 없다, -안했다	měi(美) 미, 아름답다	mèi(妹) 여동생

발음 요령

'ei' 음은 대체로 성모 'b, d, f, g, m, n, p, sh, z' 뒤에서는 '에이'로 발음되고 성모 'h, l' 뒤에서는 '어이'나 '에이'로 발음한다. 예로 '黑白 hēibái'와 '眼泪 yǎnlèi'인 경우에 대부분의 중국인은 '허이바이'와 '앤러이'로 발음한다. 그러나 일부 '헤이바이', '앤레이'로 발음하는 사람도 있다. 유독 '雷 léi'만은 모두 '레이'로 발음한다(뒤의 '이'음은 짧게 발음된다).

ai－ai, ai－ei, ei－ai 연용

báicài 白菜 배추	hǎidài 海带 다시마
mǎimai 买卖 장사, 매매	nǎinai 奶奶 할머니
pāimài 拍卖 경매	zāihài 灾害 재해
Běiměi 北美 북미주	mèimei 妹妹 여동생
àimèi 暧昧 애매모호하다	gěigǎi 给改 고쳐주다
Běihǎi 北海 북해	Hēihǎi 黑海 흑해

발음 굳히기

Nǎinai gāi lái bù gāi lái?
奶奶 该 来 不 该 来?
할머니는 오셔야 하니?

Mǎi hǎidài, báigěi báicài。
买 海带，白给 白菜。
다시마를 사면 배추를 공짜로 준다.

Mèimei méi báilái。
妹妹 没 白来。
여동생은 헛되이 오지 않았다.

말 배우기 23 (개사, 부사어)

Wǒmen cóng jiǔ diǎn kāishǐ shàngkè。
我们 从 九 点 开始 上课。
우리는 9시부터 수업한다.

Mèimei dǎ zuótiān qǐ fāshāo。
妹妹 打 昨天 起 发烧。
여동생은 어제부터 열이 난다.

Lí tiān liàng hái yǒu liǎng ge zhōngtóu。
离 天 亮 还 有 两 个 钟头。
날이 밝을 때까지 아직 2시간이 남았다.

Guǒpí bù yào wàng dìshang rēng。
果皮 不 要 往 地上 扔。
과일껍질을 땅바닥에 버리지 마시오.

고전시낭독

Dá Lùlǐ 答陆澧

Zhāng Jiǔlíng 张九龄

육례에게 장구령

sōng yè kān wéi jiǔ,
松 叶 堪 为 酒，

솔잎으로 술을 빚을 수 있으니

chūn lái niàng jǐ duō。
春 来 酿 几 多。

봄에 얼마나 빚어 두었소.

bù cí shān lù yuǎn,
不 辞 山 路 远，

산길이 멀고 험난함을 마다 않고

tà xuě yě xiāng guò。
踏 雪 也 相 过。

쌓인 눈 헤쳐가 벗과 함께 즐기리라.

4.4. ao - ou 비교 연습

▶▶Track 24

1성	2성	3성	4성
bāo(包) 싸다, 포대	báo(薄) 얇다	bǎo(饱) 배가 부르다	bào(抱) 안다
zhāo(招) 손짓하다	zháo(着) 접촉하다, 불붙다	zhǎo(找) 찾다	zhào(照) 비추다
chōu(抽) 뽑다	chóu(愁) 걱정하다	chǒu(丑) 밉다, 추악하다	chòu(臭) 썩다, 구리다
shōu(收) 거두어들이다	shóu(熟) 익다, 익숙하다	shǒu(手) 손	shòu(受) 받다

발음 굳히기

Dúdǎo shì Hánguó de bǎo dǎo。
独岛 是 韩国 的 宝 岛。
독도는 한국의 보배로운 섬이다.

Zǎo zǒu, yǒu ròu chī； hòu dào, hē sháo tāng。
早 走, 有 肉 吃; 后 到, 喝 勺 汤。
일찍 가면 고기를 먹고, 후에 도착하면 국물이나 한 숟가락 마신다.

말 배우기 24 (비교문 1)

문형 : N_1 + 比 + N_2 α (N1과 N2는 서로 비교하는 사물, α는 형용사 또는 '증가, 감소'를 나타내는 동사)

Wǒ bǐ tā dà liǎng suì, tā bǐ wǒ gāo yī gōngfēn。
我 比 他 大 两 岁, 他 比 我 高 一 公分。
나는 그보다 두 살 많고, 그는 나보다 1센티 크다.

Tā juéde dòufu bǐ ròu hǎochī。
她 觉得 豆腐 比 肉 好吃。
그녀는 두부가 고기보다 맛있다고 생각한다.

Wǒmen jiā rénkǒu bǐ tāmen jiā duō。
我们 家 人口 比 他们 家 多。
우리 집은 식구가 그 집보다 많다.

잰말놀이(绕口令 ràokǒulìng)

Shùshang yī zhī niǎo, dìshang yī zhī māo。
树上　一只　鸟，地上　一只猫。
나무 위에는 새 한 마리가 있고, 땅에는 고양이 한 마리가 있다.

Dìshang de māo xiǎng yǎo shùshang de niǎo,
地上　的猫　想　咬　树上　的鸟，
땅의 고양이는 나무 위의 새를 물려고 하고,

Shùshang de niǎo xiǎng zhuó dìshang māo de máo。
树上　的鸟　想　啄　地上　猫的毛。
나무위의 새는 땅의 고양이의 털을 쪼으려 한다.

树上	shùshang	나무 위
一只	yī zhī	한 마리
鸟	niǎo	새
地上	dìshang	땅에
猫	māo	고양이
想	xiǎng	~하려 하다
咬	yǎo	물다
啄	zhuó	쪼다
毛	máo	털

고전시낭독

Chūnxiǎo　　Mèng Hàorán
春晓　　孟浩然

봄잠에서 깨어나　　맹호연

chūn mián bù jué xiǎo,
春 眠 不 觉 晓,

봄잠에서 깨어나니 어느새 날이 밝아

chù chù wén tí niǎo。
处 处 闻 啼 鸟。

여기저기 들리나니 우짖는 새소리

yè lái fēng yǔ shēng,
夜 来 风 雨 声,

밤새 비바람 소리 들리더니

huā luò zhī duō shǎo。
花 落 知 多 少。

꽃잎은 얼마나 떨어졌을까.

4.5. i(o)u - u(e)i 비교 연습

▶▶Track 25

4.5.1. 1음절 비교 연습

1성	2성	3성	4성
yōu(优) 우수하다	yóu(游) 헤엄치다	yǒu(有) 있다	yòu(又) 또
liū(溜) 미끄러지다	liú(流) 흐르다	liǔ(柳) 버들	liù(六) 여섯
wēi(微) 작다, 잘다	wéi(围) 에워싸다	wěi(伟) 위대하다	wèi(喂) 여보세요
huī(挥) 휘젓다	huí(回) (양사)회	huǐ(悔) 후회하다, 안다	huì(会) ~할 줄 안다

발음 요령

운모 'iu'와 'ui'가 성모와 결합하여 이루어진 음절은 성모와 운모의 개음인 'i', 'u'를 먼저 결합시키고 다시 운미의 'u', 'i'와 결합하여 빨리 발음한다. 예로 'diu' 음은 '(디우)'로 'dui' 음은 '(두이)'로 발음한다.

예 niú 牛 ☞ (니우) 소
xiū 休 ☞ (시우) 쉬다
guǐ 鬼 ☞ (구이) 귀신
huì 会 ☞ (후이) -할 수 있다

말 배우기 25 (비교문 2)

Nǐ de gèzi bù bǐ wǒ gāo。
你的个子不比我高。
너의 키는 나보다 더 크지 않다.

Nǐ de gèzi méi wǒ gāo。
你的个子没我高。
너의 키는 나만큼 크지 않다.

Xuéxí chéngjī dìdi bǐ wǒ gèng hǎo。
学习 成绩 弟弟比我更好。
학습 성적은 아우가 나보다 더 좋다.

고전시낭독

Dēng Guānquèlóu 登鹳鹊楼

Wáng Zhīhuàn 王之焕

관작루에 올라 왕지환

bái rì yī shān jìn,
白 日 依 山 尽,

저녁 해 뉘엿뉘엿 서산에 지고

huáng hé rù hǎi liú。
黄 河 入 海 流。

황하는 도도히 바다로 흐르네.

yù qióng qiān lǐ mù,
欲 穷 千 里 目,

아득히 저 멀리 바라보려고

gèng shàng yī céng lóu。
更 上 一 层 楼。

누각 한 층 더 높이 올라가노라.

4.5.2 i(o)u-u(e)i, u(e)i-i(o)u 연용

▶▶Track 26

yōuhuì 优惠 우대하다, 혜택주다

jiǔguǐ 酒鬼 술고래

liúshuǐ 流水 흐르는 물

chuīniú 吹牛 허풍치다

shuǐniú 水牛 물소

tuìxiū 退休 정년퇴직하다

발음 굳히기

Bù zuò kuīxīn shì, bù pà guǐ jiào mén。
不做亏心事，不怕鬼叫门。
꺼리는 일을 하지 않으면 귀신이 문을 두드려도 두려워하지 않는다.

Lì kuī miǎnbuliǎo, lǐ kuī shǐbudé。
力亏免不了，理亏使不得。
힘이 모자라는 것은 불가피하지만 도리가 없어서는 안 된다.

말 배우기 26 (연동문)

Wǒ qù Zhōngguó yóulǎn le Wànlǐchángchéng。
我去 中国 游览 了 万里长城。
나는 중국에 가서 만리장성을 유람하였다.

Nǐ xiěguò xìn kàn diànshì ba。
你写过 信 看 电视 吧。
너 편지를 쓰고 텔레비전을 보아라.

Jīntiān wǒmen shàng jiē mǎi cài。
今天 我们 上 街 买 菜。
오늘 우리는 시장에 가서 야채를 산다.

잰말놀이(绕口令 ràokǒulìng)

Jiǔ duì shuǐ, jiào jiǔshuǐ, shuǐ duì jiǔ, bú jiào shuǐjiǔ。
酒 兑 水, 叫 酒水, 水 兑 酒, 不 叫 水酒。
술에다 물을 타면 술이라 하지만 물에다 술을 타서는 도수 낮은 술이라 하지 않는다.

兑	duì	타다, 섞다
叫	jiào	~라고 하다

고전시낭독

Huánghèlóu sòng Mèng Hàorán zhī Guǎnglíng Lǐ Bái
黄鹤楼 送 孟浩然 之 广陵 李白

황학루에서 광릉에 가는 맹호연을 보내며 이백

gù rén xī cí huáng hè lóu,
古 人 西 辞 黄 鹤 楼,

옛 벗은 서쪽으로 황학루를 뒤로 하고,

yān huā sān yuè xià yáng zhōu。
烟 花 三 月 下 扬 州。

이지랑이 피는 삼월에 양주로 가네.

gū fán yuǎn yǐng bì kōng jìn,
孤 帆 远 影 碧 空 尽,

외로운 돛단배는 저 푸른 하늘가로 사라지고,

wéi jiàn cháng jiāng tiān jì liú。
惟 见 长 江 天 际 流。

아득히 저 멀리 흘러가는 장강만 보이누나.

4.6. ie－üe 비교 연습

▶▶Track 27

제치호와 촬구호의 'i'와 'ü'는 반드시 짧게 그러나 뚜렷이 발음해야 한다.

4.6.1. 1음절 비교 연습

1성	2성	3성	4성
yē(掖) 끼워 넣다	yé(爷) 할아버지	yě(也) ~도	yè(叶) 잎
jiē(接) 잇다, 받다	jié(结) 맺다, 엮다	jiě(姐) 누나, 언니	jiè(借) 빌리다
xiē(歇) 쉬다	xié(鞋) 신발	xiě(写) (글)쓰다	xiè(谢) 고맙다
xuē(靴) 장화(부츠)	xué(学) 배우다	xuě(雪) 눈	xuè(血) 피

발음 요령

운모 'ie'는 성모 'b, p, m, d, t, n, l, j, q, x'와 결합하며 음절 'bie, pie, mie, die, tie, nie, lie, jie, qie, xie'는 한글의 '(비에), (피에), (미에), (티에), (니에), (리에), (지에), (치에), (시에)'를 빨리 이어 발음하면 가장 근접한 음이 된다('에' 앞의 작은 글자는 아주 짧게 발음한다).

운모 'üe'는 성모 'j, q, x, n, l'하고만 결합하며 음절 'jue, que, xue, nüe, lüe'는 한글의 '(쥐에), (취에), (쉬에), (뉘에), (뤼에)'를 빨리 이어 발음하는 음과 가장 근접하다('에' 앞의 작은 글자는 아주 짧게 발음한다).

4.6.2. ie－üe, üe－ie 연용

▶▶Track 28

jiéyuē 节约 절약하다

jiějué 解决 해결하다

mièjué 灭绝 완전히 없애다

xièjué 谢绝 사절하다

xuéyè 学业 학업

xuèyè 血液 혈액

juébié 决别 결별하다

xuéjiè 学界 학계

발음 굳히기

Chūnyǔ guì rú yóu。
春雨 贵 如 油。
봄비는 기름처럼 귀하다.

Tā shì zuì yōuxiù de xuésheng。
他 是 最 优秀 的 学生。
그는 가장 우수한 학생이다.

Quánshuǐ、dòuyóu hé píjiǔ, nǎ ge zuì guì?
泉水、 豆油 和 啤酒, 哪 个 最 贵?
샘물, 콩기름 그리고 맥주, 어느 것이 제일 비싸니?

말 배우기 27 (겸어문)

문형 : 주어$_1$ +동사$_1$ +목적어$_1$<= 주어$_2$> +동사$_2$ +(목적어$_2$)

Bàba ràng wǒ mǎi zìxíngchē。
爸爸 让 我 买 自行车。
아버지는 나에게 자전거를 사라고 하신다.

Māma jiào wǒ huíjiā chīfàn。
妈妈 叫 我 回家 吃饭。
어머니는 나에게 집에 가 밥 먹으라고 하신다.

Mèimei shǐ wǒ hěn gāoxìng。
妹妹 使 我 很 高兴。
여동생은 나를 매우 기쁘게 한다.

고전시낭독

Niǎomíngjiàn Wáng Wéi
鸟鸣涧 王维

산새 우는 계곡에서 왕유

rén xián guì huā luò,
人 闲 桂 花 落，

인가 한가롭고 계수나무 꽃은 지고,

yè jìng chūn shān kōng。
夜 静 春 山 空。

밤은 고요하고 봄산 텅 비었네.

yuè chū jīng shān niǎo,
月 出 惊 山 鸟，

달 떠오르자 산새들 놀라게 하여

shí míng chūn jiàn zhōng。
时 鸣 春 涧 中。

때때로 봄 계곡에서 우짖는구나.

4.7. in－ün 비교 연습

4.7.1. 1음절 비교 연습

▶▶Track 29

1성	2성	3성	4성
yīn(因) 원인	yín(银) 은	yǐn(饮) 마시다	yìn(印) 찍다, 도장
qīn(亲) 부모, 직계	qín(琴) (악기)금	qǐn(寝) 잠자다	qìn(沁) 스며들다
yūn(晕) 어지럽다	yún(云) 구름	yǔn(允) 윤허하다	yùn(韵) 운(문), 정취
jūn(军) 군	0	0	jùn(俊) 준수하다

4.7.2. in－ün, ün－in 연용

▶▶Track 30

yīnxùn 音讯 소식　　jìnjūn 进军 진군하다

jūnmín 军民 군민　　jūnlín 君临 군림하다

jūnpǐn 军品 군용물품　　qúnxīn 群心 대중심리

4.8. ian－üan 비교 연습

4.8.1. 1음절 비교 연습

▶▶Track 31

1성	2성	3성	4성
yān(烟) 연기	yán(盐) 소금	yǎn(眼) 눈	yàn(咽) 삼키다
biān(边) 변, 가장자리	lián(连) 잇다	diǎn(点) 점, (불)붙이다	biàn(便) 편리하다
yuān(冤) 원(한), 억울하다	yuán(员) (공무/교)~원	yuǎn(远) 멀다	yuàn(怨) 원망하다
quān(圈) 동그라미	quán(权) 권리	quǎn(犬) 개	quàn(劝) 권고하다

발음 요령

운모 'ian'은 성모 'b, p, m, d, t, n, l, j, q, x'와 결합하며 음절 'bian, pian, mian, dian, tian, nian, lian, jian, qian, xian'은 '(비앤), (피앤), (디앤), (미앤), (티앤), (니앤), (리앤), (지앤), (치앤), (시앤)'을 빨리 이어 발음하는 것에 가장 근접하다('앤' 앞의 작은 글자는 아주 짧게 발음). 또한 (비앤), (디앤), (지앤), (시앤)의 1성은 약간 된소리로 4성은 된소리로 발음해야 한다.

운모 'üan'은 성모 'j, q, x'하고만 결합하며 'juan, quan, xuan'은 '(쥐앤), (취앤), (쉬앤)'을 빨리 이어 발음하는 것에 가장 근접하다('앤' 앞의 작은 글자는 아주 짧게 발음한다). 또한 (쥐앤), (쉬앤)의 1성은 약간 된소리로 4성은 된소리로 발음해야 한다.

말 배우기 28 (부사의 응용)

Wǒmen dōu shì xuésheng。
我们 都 是 学生。
우리는 모두 학생이다.

Tā zhǐ chī xiāngjiāo。
他 只 吃 香蕉。
그는 바나나만 먹는다.

Bàba yòu qù le yī tàng Běijīng。
爸爸 又 去 了 一 趟 北京。
아버지는 또 북경에 한 번 가셨다.

Qǐng nǐ zài shuō yī biàn。
请 你 再 说 一 遍。
한 번 다시 말씀해 주세요.

Nǐ hái shuì ya!
你 还 睡 呀! 너 아직도 자냐!

Wǒ gāng lái。
我 刚 来。나 방금 왔다.

Nǐ zěnme cái lái?
你 怎么 才 来? 너 왜 이제야 오니?

고전시낭독

Shānxíng 山行 Dù Mù 杜牧

산 행 두목

yuǎn shàng hán shān shí jìng xiá，
远 上 寒 山 石 径 斜，
멀리 가을날 가파른 산길을 오르니

bái yún shēn chù yǒu rén jiā。
白 云 深 处 有 人 家。
흰 구름 이는 깊은 곳에 인가들이 보이네.

tíng chē zuò ài fēng lín wǎn,
停 车 坐 爱 枫 林 晚，
수레를 세워 놓고 황혼의 단풍숲 즐기려니

shuāng yè hóng yú èr yuè huā。
霜 叶 红 于 二 月 花。
서리 맞은 단풍잎 봄꽃보다 붉네.

4.8.2. ian－üan, üan－ian 연용

▶▶Track 32

quánmiàn 全面 전면적이다

quánpiān 全篇 전편

xuānyán 宣言 선언하다

yuánnián 元年 원년(첫 번째 시작하는 해)

jiànquán 健全 건전하다

qiányuàn 前院 앞 뜰

xiányuán 闲员 남는 인원

yǎnyuán 演员 배우, 연기자

발음 굳히기

Quánquán dàibiǎo xuānyán。
全权 代表 宣言。
전권대표가 선언한다.

Yànjuàn le yīyuàn gōngzuò, qùguò tiányuán shēnghuó。
厌倦 了 医院 工作，去过 田园 生活。
병원의 일이 싫증나서 전원생활을 하러 간다.

Méiyǒu yuǎn lǜ, bì yǒu jìn yōu。
没有 远 虑，必 有 近 忧。
먼 훗날을 생각하지 않으면 반드시 눈앞의 근심이 생긴다.

말 배우기 29 (存現文)

문형 : 장소 /시간단어(조합) + 존재 /출현 /소실 등 동사 + 사물명

Wǒ de zhuōzishang yǒu yī běn Zhōnghán cídiǎn。
我 的 桌子上 有 一 本 中韩辞典。
나의 책상 위에는 중한사전이 한 권 있다.

Dàshù xiàmian fàng zhe yī zhāng píngchuáng。
大树 下面 放 着 一 张 平床。
큰 나무 아래는 평상 하나가 놓여 있다.

Zuótiān wǒ jiā lái le yī wèi Zhōngguó kèrén。
昨天 我 家 来 了 一 位 中国 客人。
어제 우리 집에는 중국 손님이 한 분 오셨다.

Shūbāoli shǎo le yī běn shū。
书包里 少 了 一 本 书。
책가방에서 책이 한 권 없어졌다.

Zhúlín zhōng zǒuchu le yī wèi lǎorén。
竹林 中 走出 了 一 位 老人。
죽림 속에서 노인 한 분이 걸어 나오셨다.

고전시낭독

Liángzhōucí 凉州词

Wáng Zhīhuàn 王之焕

양주사 왕지환

huáng hé yuǎn shàng bái yún jiān,
黄 河 远 上 白 云 间,
황하는 멀리 흰 구름 사이로 흘러가고

yī piàn gū chéng wàn rèn shān。
一 片 孤 城 万 仞 山。
외로운 성곽 만길 높은 산마루에 서있네.

qiāng dí hé xū yuàn yáng liǔ,
羌 笛 何 须 怨 杨 柳,
어이하여 강피리 <양류>곡만 부느냐?

chūn fēng bù dù yù mén guān。
春 风 不 度 玉 门 关。
아직도 봄바람은 옥문관을 넘지 않았거늘.

4.9. ang, iang, uang 비교 연습

▶▶Track 33

ángyáng	昂扬	(정신, 기세 등) 드높다
bǎngyàng	榜样	본보기
Chángjiāng	长江	장강(양즈강)
fāngxiàng	方向	방향
xiāngdāng	相当	매우, 아주, 상당히
jiǎngzhuàng	奖状	상장
huāngtáng	荒唐	황당하다, 어처구니없다
guǎngchǎng	广场	광장

발음 요령

운모 'iang'은 성모 'j, q, x, l, n'과 결합하며 음절 'jiang, qiang, xiang, liang, niang'은 '(지양), (치양), (시양), (리양), (니양)'을 빨리 이어 발음하는 것과 가장 유사하다('양' 앞의 작은 글자는 아주 짧게 발음한다). 또한 (지양), (시양)의 1성은 약간 된소리로 4성은 된소리로 발음해야 한다.

운모 'uang'은 성모 'g, k, h, z, zh, c, ch, s, sh'와 결합되며 음절 'guang, kuang, huang, zuang, zhuang, cuang, chuang, suang, shuang'은 '(구왕), (쿠왕), (후왕), (주왕), (주왕), (추왕), (추왕), (수왕), (수왕)'을 빨리 이어 발음하는 것과 유사하다('왕' 앞의 작은 글자는 아주 짧게 발음한다). 또한 (구왕), (주왕), (주왕), (수왕), (수왕)의 1성은 약간 된소리로 4성은 된소리로 발음해야 한다.

말 배우기 30 (주술술어문)

문형 : 주어$_1$ + 술어$_1$ [주어$_2$ + 술어$_2$]

Wūli	bàba	shuìjiào。
屋里	爸爸	睡觉。
방에는	아버지께서	주무신다.
Wǒ	dùzi	téng。
我	肚子	疼。
나는	배가	아프다.
Māma	xīndì	shànliáng。
妈妈	心地	善良。
어머니는	마음씨가	곱다.
Mén	zìjǐ	kāi le。
门	自己	开 了。
문은	저절로	열렸다.

고전시낭독

Jìngyèsī 静夜思

Lǐ Bái 李白

고요한 밤에 생각하다 이백

chuáng qián míng yuè guāng,
床 前 明 月 光,
침상 앞에 비춘 밝은 달빛,

yí shì dì shàng shuāng。
疑 是 地 上 霜。
땅에 내린 하얀 서리인가 하노라.

jǔ tóu wàng míng yuè,
举 头 望 明 月,
고개 들어 밝은 달 바라보고,

dī tóu sī gù xiāng。
低 头 思 故 乡。
머리 숙여 고향 생각하네.

4.10. eng, ong, iong 비교 연습

4.10.1. 1음절 비교 연습

▶▶Track 34

eng과 ong

1성	2성	3성	4성
dēng(灯) 등	téng(疼) 아프다	gěng(梗) 줄기, 가지	hèng(横) 난폭하다
dōng(冬) 겨울	tóng(同) 같다	gǒng(巩) 견고하다	hòng(讧) 분쟁

ing과 iong

jīng(惊) 놀라다	qíng(情) 정	qǐng(请) 청하다	xìng(姓) 성
xiōng(兄) 형	qióng(穷) 가난하다	yǒng(永) 영원하다	yòng(用) 쓰다

4.10.2. eng, ong, iong 연용

▶▶Track 35

gōngyòng 公用 공용

mèngzhōng 梦中 꿈 속

huāngliáng 荒凉 황량하다

gòngfèng 供奉 (재물) 바치다

gōngchéng 工程 공사, 공정

gōngnéng 功能 효능

xiōngzhōng 胸中 가슴, 가슴속

yǒngměng 勇猛 용맹하다

말 배우기 31 (보어)

Māma zuòhǎo le fàn。
妈妈 做好 了 饭。 어머니는 밥을 다 지으셨다.

Wǒ xiěcuò le yī ge zì。
我 写错 了 一 个 字。 나는 한 글자를 틀리게 썼다.

Ā yā, rèsi le!
啊 呀, 热死 了! 아이고, 더워 죽겠다.

Wǒ xiǎngqilai le。
我 想起来 了。 나는 생각이 났다.

고전시낭독

Fēngqiáoyèpò 枫桥夜泊 Zhāng Jì 张继

풍교의 밤 장 계

yuè luò wū tí shuāng mǎn tiān,
月 落 乌 啼 霜 满 天,

달 지고 찬 서리 내린 밤 까마귀 슬피 울고

jiāng fēng yú huǒ duì chóu mián。
江 枫 渔 火 对 愁 眠。

단풍 진 강의 낚싯배 불빛 마주하고 졸려니

gū sū chéng wài hán shān sì,
姑 苏 城 外 寒 山 寺,

소주성 밖 한산사의 은은한 범종소리

yè bàn zhōng shēng dào kè chuán。
夜 半 钟 声 到 客 船。

한밤중에 배위로 울려오네.

05.

성 조

중국어 발음연습

5.1. 성조 연습

▶▶Track 36

성조 발음에서 1성은 모든 성조의 조치(調值)를 결정하는 기준이 되므로 1성 발음은 가장 중요하다. 중국어에서 성모 'b, d, g, j, x, z, zh, s, sh'의 1성과 4성의 발음은 2성과 3성과 달리 된소리로 발음된다. 즉 1성과 4성인 경우에 'b(ㅃ), d(ㄸ), g(ㄲ), j(ㅉ), x(ㅆ), z(ㅉ), zh(ㅉ), s(ㅆ), sh(ㅆ)'로 발음된다(권설음을 한글의 겹획으로 구별함).

1성 연습

1음절인 1성은 다소 길게 발음하고 될수록 소리의 굴곡도 없도록 해야 한다. 그러나 다음절에서 끝음절이 1성일 때는 반드시 짧게 발음해야 한다.

bā 八 여덟	bāo 包 싸다	bān 搬 옮기다
fēi 飞 날다	fēn 分 분	fēng 风 바람

1-1성 연습

cānjiā 参加 참가하다	chūntiān 春天 봄날
fāshēng 发生 발생하다	fēijī 飞机 비행기

2성 연습

má 麻 삼베	mái 埋 묻다	mán 瞒 속이다
máng 忙 바쁘다	máo 毛 털	méi 眉 눈썹

2-2성 연습

biémíng 别名 별명	cháhú 茶壶 차 주전자	Chángchéng 长城 만리장성
chéngshí 诚实 성실하다	értóng 儿童 아동	guómín 国民 국민

1-2성 연습

ānquán 安全 안전하다	bāowéi 包围 포위하다	chābié 差别 차별
chuīniú 吹牛 허풍떨다	dāngshí 当时 그때	dīlián 低廉 저렴하다

말 배우기 32 (한정어)

Wǒ de shǒujī gèng hǎo。
我 的 手机 更 好。
내 핸드폰은 더 좋다.

Tā shì wǒ zuì kěxìn de péngyou。
他 是 我 最 可信 的 朋友。
그는 가장 믿음직한 내 친구다.

Zhè háizi hěn cōngming, yě hěn kě'ài。
这 孩子 很 聪明， 也 很 可 爱。
이 아이는 아주 총명하기도 하고 귀엽다.

Jīnnián chūntiān fēicháng nuǎnhuo。
今年 春天 非常 暖和。
금년 봄은 아주 따스하다(포근하다).

고전시낭독

Qīngmíng　　Dù Mù
清明　　杜牧

청명　　두목

qīng míng shí jié yǔ fēn fēn,
清 明 时 节 雨 纷 纷，

청명 절기 봄비 그치지 않고 내려

lù shàng xíng rén yù duàn hún。
路 上 行 人 欲 断 魂。

길손들 애간장 다 타는구나.

jiè wèn jiǔ jiā hé chù yǒu,
借 问 酒 家 何 处 有，

주막이 어디냐고 물어보았더니,

mù tóng yǎo zhǐ xìng huā cūn。
牧 童 遥 指 杏 花 村。

목동은 저 멀리 살구꽃 핀 마을 가리키네.

3성 연습

nǐ 你 너	niǎn 碾 롤러	niǎo 鸟 새
nǐng 拧 비틀다	niǔ 扭 돌리다	nǔ 努 노력

1-3성 연습

bīnyǔ 宾语 목적어	chūkǒu 出口 수출하다	gēnběn 根本 근본
gānrǎo 干扰 교란하다	gāngtiě 钢铁 강철	gāoshǒu 高手 고수

4성 연습

là 辣 맵다	lài 赖 의지하다	làn 烂 낡다
liàn 练 연습하다	liào 料 예상하다	liè 劣 나쁘다

1-4성 연습

bāngzhù 帮助 돕다	bōlàng 波浪 파도, 물결	cāicè 猜测 추측하다
chōngfèn 充分 충분하다	chūnjì 春季 봄철	dānwèi 单位 단위, 직장

말 배우기 33 (형용사, 형용사 술어문)

Dìdi xuéxí hǎo, māma hěn gāoxìng。
弟弟 学习 好，妈妈 很 高兴。
아우가 공부를 잘해서 어머니는 매우 기뻐하신다.

Zhè běn shū hěn hǎo, kěshì tài hòu。
这 本 书 很 好, 可是 太 厚。
이 책은 매우 좋기는 한데 너무 두껍다.

Wǒmen bān nǚtóngxué duō, nántóngxué shǎo。
我们 班 女同学 多，男同学 少。
우리 반에는 여학생이 많고 남학생이 적다.

고전시낭독

Sòng Yuánèr shǐ Ānxī 送元二使安西

Wáng Wéi 王维

친구 원이를 안서로 보내며 왕유

wèi chéng zhāo yǔ yì qīng chén,
渭 城 朝 雨 浥 轻 尘,
위성에 아침비 내려 흙먼지 적시니

kè shè qīng qīng liǔ sè xīn。
客 舍 青 青 柳 色 新。
객사의 실버들 더더욱 푸르러라.

quàn jūn gèng jìn yī bēi jiǔ,
劝 君 更 尽 一 杯 酒,
친구여 술 한 잔 더 비우게나,

xī chū yáng guān wú gù rén。
西 出 阳 关 无 故 人。
서쪽으로 양관 나서면 친구 없으니.

2-1성 연습

dúshū 读书
독서, 공부하다

fájīn 罚金
벌금

fúzhuāng 服装
복장, 옷

guójiā 国家
국가

hángkōng 航空
항공

júhuā 菊花
국화

2-3성 연습

érqiě 而且
또한, 뿐만 아니라

fángzhǐ 防止
방지하다

guóbǎo 国宝
국보

jiéguǒ 结果
결과, 결국

láiwǎng 来往
오고 가다

rénkǒu 인구
人口

2-4성 연습

cúnzài 存在
존재하다

dúchuàng 独创
독창적이다

déyì 得意
의기양양하다

guóhuà 国画
국화

háofàng 豪放
호방하다

huálì 华丽
화려하다

3-1성 연습

dǎgōng 打工
일하다

dǎjī 打击
타격하다

dǎoshī 导师
지도교사

fǎguān 法官
법관

gǎnguān 感官
감각기관

jiǎndān 简单
간단하다

3-2성 연습

Fǎguó 法国
프랑스

fǎngfú 仿佛
마치~

fǒuzé 否则
그렇지 않으면

hǎiyáng 海洋
해양

hǎorén 好人
좋은 사람

huǎngyán 谎言
거짓말

3-4성 연습

lǎodà 老大
맏이

lěngdòng 冷冻
냉동하다

lǐmào 礼貌
예의

mǎimài 买卖
매매하다

mǎnyì 满意
흡족하다

měngliè 猛烈
맹렬하다

4-1성 연습

chànggē 唱歌
노래하다

chènshān 衬衫
샤쓰, 와이샤쓰

bìxū 必须
반드시

dòngjī 动机
동기

àixī 爱惜
아끼다

diànchē 电车
전차

4-2성 연습

bàodá 报答
보답하다

bìrán 必然
필연적이다

bàozhú 爆竹
폭죽

dàxué 大学
대학

dàodá 到达
도달(착)하다

dàodé 道德
도덕

4-3성 연습

dàodǐ 到底
도대체, 결국

dìdiǎn 地点
지점

dìzǐ 弟子
제자

diànnǎo 电脑
컴퓨터

diànyǐng 电影
영화

èsǐ 饿死
굶어죽다

4-4성 연습

bùwèi 部位
부위

bèidòng 被动
피동

bìyào 必要
필요하다

chuàngbàn 创办
창립하다

cùjìn 促进
촉진하다

dàgài 大概
대략, 대강

5.2. 성조 종합 연습

▶▶Track 37

1-1-1-1성

chūntiānhuākāi 春天花开 봄에 꽃이 피다

jiāngshānduōjiāo 江山多娇 강산이 아주 아름답다

shāngāogōushēn 山高沟深 산은 높고 골은 깊다

gōngsīfēnqīng 公私分清 공과 사가 분명하다

1-2-3-4성

sīqiánxiǎnghòu 思前想后 앞뒤를 생각하다

shēnmóuyuǎnlǜ 深谋远虑 면밀하고 원대하게 생각하다

xīnzhíkǒukuài 心直口快 성격이 시원하고 바른 소리를 하다

yīnxúnshǒujiù 因循守旧 낡은 것을 답습하다

종합

tiányuánshēnghuó 田园生活 전원생활

wǔgǔzáliáng 五谷杂粮 오곡잡곡

lánqiúbǐsài 篮球比赛 농구경기

rénmínmínzhǔ 人民民主 인민민주

ānquánxíngchē 安全行车 안전하게 차를 몰다

wāngyángdàhǎi 汪洋大海 망망대해

shōuchénghěnhǎo 收成很好 수확이 매우 좋다

bīréntàishèn 逼人太甚 핍박이 매우 심하다

Lùzhài Wáng Wéi

鹿柴 王维

록 시 왕유

kōng shān bù jiàn rén,
空 山 不 见 人，

적막한 산속에 인적은 보이지 않는데

dàn wén rén yǔ xiǎng。
但 闻 人 语 响。

어디선가 도란도란 말소리만 들려오네.

fǎn yǐng rù shēn lín,
返 影(景) 入 深 林，

저녁 빛 아늑히 깊은 숲에 흘러들어

fù zhào qīng tái shàng。
複 照 青 苔 上。

다시 파란 이끼 위에 비추네.

06.

경 성

중국어 발음연습

6.1. 경성 규칙

경성도 원래 자신만의 본조(本調)를 갖고 있다. 하지만 말하는 가운데 본조보다 음량이 적고 길이도 짧으며 가볍게 발음된다. 경성은 일정한 위치에서 문법적 기능을 담당한다. 아래와 같은 곳에서 경성이 발생한다.

1) 조사

구조조사 : 的, 得, 地
시태조사 : 着, 了, 过
문말어기조사 : 吗, 嘛, 吧, 呢, 啊, 啦

2) 방위사

⤻ 里, 中, 上, 下, 边, 面

3) 추향(방향)동사

⤻ 來, 去, 出來, 出去, 進來, 进去, 上来, 上去, 下来, 下去, 起来, 过去, 过来

4) 접미사

⤻ -子, -头, -巴, -性, -儿

5) ‘一, 不, 得, 没’가 단어 사이에 사용될 경우

6) 일부 양사

→ 封, 个, 些

7) 중첩된 동사 뒤 음절

→ 看看　　说说　　找找　　笑笑
考虑考虑　休息休息　琢磨琢磨

8) 중첩된 친속 호칭과 일부 중첩된 명사 뒤

→ 奶奶, 姥姥, 婶婶, 姐姐 星星

9) 동사 뒤에 쓰인 ‘个’

→ 看个没完　说个不停

10) 일부 병렬관계의 2음절단어 뒤 음절

→ 眼睛, 衣服, 窗户, 娇贵

11) 일부 대립되는 어소로 구성된 단어의 뒤 음절

→ 买卖, 东西, 动静, 利害, 兄弟, 裁缝, 忘记

6.2. 경성의 의미

1) 단어의 뜻을 구별한다

孙子 손자 : 孙子 (인명) 손자

本事 능력 : 本事 원래의 일

2) 단어의 품사성을 구분한다

大意(형용사) 소홀하다 : 大意(명사) 문장의 뜻

地道(형용사) 진짜의, 알차다 : 地道(명사) 지하통로

6.3. 경성의 높이

경성은 자신의 본래 음 높이가 없다. 다만 앞의 성조 높이에 따라 그 높이가 결정된다. 3성 뒤에서는 4도, 2성 뒤에서는 3도, 1성 뒤에서는 2도, 4성 뒤에서는 1도가 된다.

1) 1성 +경성 : 半低 (2도) -- 妈妈, 跟头

2) 2성 +경성 : 中调 (3도) -- 棉花, 石头

3) 3성 +경성 : 半高 (4도) -- 点心, 里头

4) 4성 +경성 : 低 (1도) -- 地方, 木头

경성을 발음할 때는 성모와 운모도 변화가 일어난다. 워낙 경성 자체가 음량이 적고 길이도 짧으므로 자음과 모음도 약화되는 현상이 발생한다. 아래는 그러한 예를 나타내고 있다. / / 부호는 의미를 나타내는 소리인 음소이고 [ ]는 실제 나오는 소리인 음성을 나타낸다.

(1) 자음의 약화현상: 무기장애음 'b[p], d[t], z[ts], zh[tʂ], j[tɕ], g[k]' 자음들이 경성 자리에서 유성음으로 약화된다.

b[p] → [b] : 爸爸 bàba /pa pa/→[pa bə]

d[t] → [d] : 弟弟 dìdi /ti ti/→[ti dɪ]

z[ts] → [dz] : 桌子 zhuōzi /tʂuo tsi/→[tʂuo dzə]

zh[tʂ] → [dʐ] : 看着 kànzhe /khan tʂɤ/→[khan dʐə]

j[tɕ] → [dʑ] : 姐姐 jiějie /tɕie tɕie/→[tɕie dʑie]

g[k] → [g] : 哥哥 gēge /kɤ kɤ/→[kɤ gə]

(2) 모음의 약화현상: 운모을 가볍고 짧게 발음하다보니 긴장모음이 이완모음화 된다. 그리고 애매모호한 모음인 [ə]로 중앙모음화 되는 현상이 일어난다.

① 이완모음화 : 본조(本調)에서 긴장되어 발음되는 모음들이 경성에서는 약화되어 자동으로 이완음으로 변화한다.

/i/→[ɪ]: 弟弟 dìdi /ti ti/→[ti dɪ]

/ɤ/→[ə]: 哥哥 gēge /kɤ kɤ/→[kɤ gə]

/u/→[ʊ]: 地道(진짜의) dìdao /ti tau/→[ti daʊ]

② 중앙모음화: 저모음 /a/, 중모음 /ɤ/, 고모음 /i/가 애매모호한 음(schwa)인 [ə]로 변하는 것으로 그 변화하는 방향이 중앙으로 모인다고 하여 '중앙모음화'라고 칭한다.

/a/→[ə]: 棉花(면화) miánhua /mian xua/→[miæn xuə]

/ɤ/→[ə]: 哥哥 gēge /kɤ kɤ/→[kɤ gə]

/i/→[ə]: 桌子 zhuōzi /tʂuo tsi/→[tʂuo dzə]

(3) **모음탈락**: 경성에서는 심지어 모음이 탈락되는 현상까지 발생할 수 있다. 이것은 보편적으로 일어나지 않고 몇몇 단어에만 국한되어 나타난다. 아래는 그 대표적인 것이다.

豆腐(두부) dòufu /tɤu fu/→[toufʊ] → [touf]

大夫(의사) dàifu /tai fu/→[tai fʊ] → [taif]

6.4. 성조 변화 규칙

6.4.1. 3성의 변화

(1) 3－1, 3－2, 3－4, 3－경성일 때 3성의 214가 21로

shǐzhōng	yǔyán	xiězì	xiǎode
始终	语言	写字	小的
시종	언어	글자를 쓰다	작은 것

(2) 3－3의 경우 앞의 3성이 2성으로 변하여 214가 35로

xuǎnjǔ 选举 선거 → xuánjǔ

yǒuhǎo 友好 우호 → yóuhǎo

yǎnjiǎng 演讲 강연 → yánjiǎng

mǎimǐ 买米 쌀을 사다 → máimǐ

(3) 3-3로 이루어진 친족호칭에서 뒤 음절이 경성이 되면 앞의 3성은 21로 변화

nǎinai	lǎolao	shěnshen	jiějie
奶奶	姥姥	婶婶	姐姐
할머니	외할머니	숙모	누나

3-3이지만 형용사가 중첩되어 쓰이며 '儿'화 되면 앞의 3성은 21로, 뒤의 3성은 1성인 55로 발음한다.

hǎohǎor 好好儿 잘 → hǎohāor
zǎozǎor 早早儿 일찍 → zǎozāor

그러나 뒤의 3성을 '儿'화하지 않으면 앞의 3성을 2성으로 발음한다.

mǎnmǎn 满满 가득 → mánmǎn
kǔkǔ 苦苦 간절히 → kúkǔ

(4) 3-3-3일 때

① AB+C형이면 35-35-214로(AB만으로도 하나의 2음절 단어)

zhǎnlǎn guǎn 展览 + 馆 전시관
guǎnlǐ zǔ 管理 + 组 관리팀

② A+BC형이면 21-35-214로(BC만으로도 하나의 2음절 단어)

xiǎo shǒubiǎo → xiǎo shóubiǎo
小 + 手表 → 小 手表 작은 손목시계

zhǐ lǎohǔ → zhǐ láohǔ
纸 + 老虎 → 纸 老虎 종이 호랑이

lěng chǔlǐ → lěng chúlǐ
冷 + 处理 → 冷 处理 냉간처리

③ A+B+C 형이면 구체적으로 분석해야 한다.

xǐ liǎn shuǐ → xí lián shuǐ
洗 + 脸 + 水 → 洗 脸 水 ('洗''脸'은 동빈구조)
세숫물

Wǒ zhǎo nǐ → wǒ zháo nǐ
我 找 你 → 我 找 你 ('找你'는 동빈구조)
나는 너를 찾는다.

'我'와 '找你' 사이에는 논리적으로 띄어 읽어야 하므로 '我'는 3성 그대로, '找'는 2성으로 변하게 된다.

Nǐ zǒu hǎo → nǐ zóu hǎo
你 走 好 → 你 走 好
너 잘 가라.

hěn hǎo zhǎo → hén háo zhǎo
很 好 找 → 很 好 找
찾기 좋다.

6.4.2. '一, 七, 八, 不'의 성조변화

(1) 一(yī)

① 단어, 번호, 단독 혹은 문장 끝에 나타낼 때는 모두 1성으로 발음한다.

wànyī (万一) 만일
wéiyī (唯一) 유일
chūyī (初一) 초하루
bǎilǐtiāoyī (百里挑一) 백에서 하나를 고르다
yījiǔyīyīnián (一九一一年) 1911년

알아 두기 :

중국어에서 번호를 읽을 때 비슷한 음을 상대방이 오인하는 것을 피하기 위해 '一' 를 '幺(yāo)'로, '七'를 '拐(guǎi)'로, '零'을 '洞(dòng)'으로 말하는 습관이 있다.

예 010-316-5172을 洞幺洞-三幺六-五幺拐二로 발음한다.

② 4성 앞에서는 2성으로

yīzhì(一致) 일치 → yízhì
yīkuài(一块) 1원 → yíkuài
yīqiè(一切) 모든 → yíqiè
yīhuìr(一会儿) 잠시 → yíhuìr

③ 1, 2, 3성 앞에서는 4성으로

yībēi(一杯) 한 잔 → yì bēi
yīzhí(一直) 줄곧 → yìzhí
yīzǎo(一早) 이른 아침 → yìzǎo

④ 음절 중간에 끼어 있을 때는 경성으로

tīng yī tīng(听一听) → tīng yi yīng 한 번 듣다
dú yī dú(读一读) → dú yi dú 한 번 읽다
děng yī děng(等一等) → děng yi děng 좀 기다리다
kàn yī kàn(看一看) → kàn yi kàn 한 번 보다

(2) 七(qī)

4성 앞에서는 2성으로 그 외 상황에서는 모두 1성으로

qī kuài(七块) → qí kuài 7원
qī hào(七号) → qí hào 7일
qī dòng(七栋) → qí dòng 7동

(3) 八(bā)

4성 앞에서는 2성으로 그 외 상황에서는 모두 1성으로

bā kuài(八块) → bá kuài 8원
bā hào(八号) → bá hào 8일
bā dòng(八栋) → bá dòng 8동

(4) 不(bù)

① 4성 앞에서는 2성으로 그 외 상황에서는 모두 4성으로

bùdàn(不但) → búdàn ~뿐만 아니라
bù lì(不利) → bú lì 불리하다
bù huì(不会) → bú huì ~할 수 없다

② 음절 중간에 끼어 있을 때는 경성으로

tīng bù tīng(听不听) → tīng bu tīng 듣냐 안 듣냐
liǎobùqǐ(了不起) → liǎobuqǐ 굉장하다
chībùdé(吃不得) → chībudé 먹으면 안된디
kànbùzhǔn(看不准) → kànbuzhǔn 정확히 볼 수 없다

6.4.3. 기타 같은 성조의 변화

(1) 1-1성일 때는 55-55 → 44-55로

shīzhuān(师专) 사범전문학교
zhōukān(周刊) 주간
shāowēi(稍微) 조금
tuīfān(推翻) 뒤집다

그러나 2음절 단어가 술빈(동사+명사)형이면 앞의 음절에 악센트가 붙는다.

sījī (司机) 운전사

(2) 2-2성일 때는 35-35 → 34-35로

huáxiáng(滑翔) 활공하다
liúchuán(流传) 유전
miányáng(绵羊) 면양
chéngqún(成群) 무리를 이루다
Hánguó(韩国) 한국
chéngshí(诚实) 성실하다

(3) 4-4성일 때는 51-51 → 53-51로

kuòdà(扩大) 확대
diànhuà(电话) 전화
bàogào(报告) 보고

<变调歌>	<변조가>
句中上声變21；双三前三变二声。 我(3)回(2)家(1)买(3)米(3) → 我(21)回(35)家(55)买(35)米(214)	문장에서 3성은 21로 발음하고, 두 개의 3성 가운데 앞의 것은 35로 발음된다.
“ab加c”三三声，变成二、二加三声 展(2)览(2)+馆(3) → 展(35)览(35)馆(214)	‘ab+c’형 세 3성은 2, 2, 3성으로 변한다.
“a加bc”三三声，变成三声加二、三。 小(3)+手(3)表(3) → 小(21)手(35)表(214)	‘a+bc’형 세 3성은 3, 2, 3성으로 변한다.
“一”是阴平变化多；四声前边变二声；	‘一’은 1성으로 변화가 심해, 4성 앞은 2성으로,
一，二，三前变四声，动词中间读轻声。	1, 2, 3성 앞에서는 4성으로, 동사 사이에서는 경성으로 변화한다.
“七、八”本是读一声，见了去声就变二。	‘七’과 ‘八’은 본래 1성이나 4성 앞에선 2성으로 변화한다.
“不” 字本是读去声，四声一跟就变二。	‘不’은 본래 4성이나 4성만 뒤따르면 2성으로 변합니다.

고전시낭독

Liǔzhīcí　Hè Zhīzhāng
柳枝词　贺知章

버들을 보며　하지장

bì　yù　zhuāng　chéng　yī　shù　gāo
碧玉妆成一树高，
옥처럼 푸른 빛이 온 나무를 드높이 감싸고,

wàn　tiáo　chuí　xià　lǜ　sī　tāo
万条垂下绿丝绦。
천만 갈래 푸른 실띠가 드리웠구나.

bù　zhī　xì　yè　shuí　cái　chū
不知细叶谁裁出，
누가 이 작은 잎들을 재단하였더냐.

èr　yuè　chūn　fēng　sì　jiǎn　dāo
二月春风似剪刀。
2월 춘풍이 바로 가위였더라.

07.

'儿'化韻과 어음의 변화

중국어 발음연습

7.1. '儿'化韻

7.1.1. '儿'화운의 작용

① 단어의 뜻을 구별한다.

眼 yǎn 눈
眼儿 yǎnr 작은 구멍
针眼儿 zhēnyǎnr 바늘구멍
耳朵眼儿 ěrduoyǎnr 귀구멍

信 xìn 편지
信儿 xìnr 소식

来 信 了. Lái xìn le. 편지 왔다.
来 信儿 了. Lái xìnr le. 소식이 왔다.

火星 huǒxīng 화성
火星儿 huǒxīngr 불티

火星 是 行星. Huǒxīng shì xíngxīng.
화성은 행성이다.
小心 火星儿. Xiǎoxīn huǒxīngr.
불티를 조심해라.

头 tóu 머리
头儿 tóur 우두머리, 두령, 상관

头 疼. Tóu téng. 머리가 아프다.
他 是 我们 的 头儿. Tā shì wǒmen de tóur.
그는 우리의 상관이다.

半天 bàntiān 한참 동안
半天儿 bàn tiānr 반나절

等 了 半天. Děng le bàntiān. 한참 기다렸다.
半天儿 的 活儿 bàntiānr de huór 반나절의 일감

水牛 shuǐniú 물소
水牛儿 shuǐniúr 달팽이
水牛 耕 田. Shuǐniú gēng tián.
물소로 논밭을 갈다.
水牛儿 爬得慢. Shuǐniúr pádemàn.
달팽이는 느리게 긴다.

面 miàn 가루, 밀가루
面儿 miànr 표면, 겉면

② 품사 성질 구별

盖 gài (동사) 덮다
盖儿 gàir (명사) 뚜껑, 마개
盖 盖儿 gài gàir 마개를 막다
盖 锅盖儿 gài guōgàir 가마뚜껑을 덮다

坐 zuò (동사) 앉다
坐儿 zuòr (명사) 자리
让 个 坐儿 坐 吧. Ràng ge zuòr zuò ba.
자리를 양보하여 앉읍시다.

挑 tiāo (동사) 메다
挑儿 tiāor (명사) 멜 짐
挑 挑儿 上 山. Tiāo tiāor shàng shān.
짐 메고 산에 오르다.

画 huà (동사) 그리다
画儿 huàr (명사) 그림
画 画儿 huà huàr 그림을 그리다

笑话 xiàohua (동사) 비웃다
笑话儿 xiàohuàr (명사) 농, 웃기는 말
别 笑话 我. Bié xiàohua wǒ. 나를 비웃지 말라.
说 笑话儿. Shuō xiàohuàr. 농담하다. 웃기는 말을 하다.

尖 jiān (형용사) 뾰족하다, 첨예하다
尖儿 jiānr (명사) 뾰족한 끝부분
针 尖儿 很 尖. Zhēn jiānr hěn jiān.
바늘 끝이 매우 날카롭다.

准 zhǔn (형용사) 정확하다, 정밀하다
准儿 zhǔnr (명사) 정확성, 정밀성
瞄 得 很 准. Miáo de hěn zhǔn.
매우 정확하게 조준하였다.

说 得 没 准儿. Shuō de méi zhǔnr.
정확성이 없이 말하다.

亮 liàng (형용사) 밝다
亮儿 liàngr (명사) 불빛, 밝은 빛
灯 很 亮. Dēng hěn liàng. 등이 매우 밝다.
借 个 亮儿. Jiè ge liàngr. (불)빛을 빌리다.

破烂 pòlàn (형용사) 낡다, 난잡하다
破烂儿 pòlànr (명사) 폐품, 낡은 것
破烂 不 堪 pòlàn bù kān 낡고 난잡하기 그지없다
破烂儿 都 扔 吧. Pòlànr dōu rēng ba.
낡은 것은 다 버려라.

③ '작다, 적다, 가늘다, 얇다' 등의 의미가 부여된다.

棍子 gùnzi 막대기
棍儿 gùnr 꼬챙이
拄 个 棍子 zhǔ ge gùnzi 막대기를 집다
草棍儿 cǎogùnr 풀 꼬챙이

小孩(子) xiǎoháizi 아이(소년)
小孩儿 xiǎoháir 영유아, 애기
七八 岁 的 小孩 qībā suì de xiǎohái
일곱여덟 살 되는 아이
这 小孩儿 真 可爱. Zhè xiǎoháir zhēn kěài.
이 애기는 정말 귀엽다.

木板 mùbǎn 나무판자
木板儿 mùbǎnr (얇은) 나무판자
木板房 mùbǎnfáng 판자집
小木板儿 xiǎomùbǎnr 작은 판자 조각

어떤 경우에는 경멸의 뜻도 내포하고 있다(주로 화자의 느낌과 정서를 반영한다).

小偷 xiǎotōu 도둑
小偷儿 xiǎotōur 좀도둑

小老婆 xiǎolǎopó 작은댁
小老婆儿 xiǎolǎopór 첩

④ '친절, 사랑, 애교' 등의 의미가 부여 된다(주로 화자의 느낌과 정서를 반영한다).

花 huā 꽃
花儿 huār (즐거움을 유발하는) 꽃

花 开 了. Huā kāi le. 꽃이 피었다.
小 花儿 真 香. Xiǎo huār zhēn xiāng.
자그마한 꽃이 참 향기롭다.

猫 māo 고양이
猫儿 māor (귀여운) 고양이

家猫 成 野猫 了. Jiāmāo chéng yěmāo le.
집고양이가 도둑고양이로 되었다.

抱 着 一 只 猫儿. Bào zhe yì zhī māor.
귀여운 고양이를 안고 있다.

小鸡 xiǎojī 작은 닭, 영계
小鸡儿 xiǎojīr 병아리

小孩 吃 炖 小鸡. Xiǎohái chī dùn xiǎojī.
아이가 삶은 영계를 먹는다.
孵出 了 十 只 小鸡儿.
Fūchu le shí zhī xiǎojīr.
병아리 10마리가 부화했다.

小脸 xiǎoliǎn 좁은 얼굴
小脸儿 xiǎoliǎnr (예쁘장한) 좁은 얼굴

長 得 小脸 小 眼睛.
Zhǎng de xiǎoliǎn xiǎo yǎnjing.
좁은 얼굴에 작은 눈을 가졌다.
小脸儿 粉 嘟嘟的 xiǎoliǎnr fěn dūdūde
발그스레한 자그마한 얼굴

宝贝 bǎobèi 보배, 보물
宝贝儿 bǎobèir 보배덩이(귀염둥이)

拿 它 当 宝贝. Ná tā dàng bǎobèi.
그것을 보물로 여긴다.

我 的 小 宝贝儿 wǒ de xiǎo bǎobèir 내 귀염둥아

⑤ '강조'의 의미가 내포된다. 심화된 느낌과 정서를 반영한다.

慢慢 mànmàn 아주 느리게 / 천천히
慢慢儿 mànmānr 천천히 / 급하지 않게 / 후에

她 慢慢 走过来.
Tā mànmàn zǒuguolai.
그녀는 천천히 걸어온다.

这 件 事 慢慢儿 说 吧.
Zhè jiàn shìr mànmānr shuō ba.
이 일은 나중에 얘기하자.

高高 gāogāo 높은
高高儿 gāogāor (매우) 높게
高高 的 山 gāogāo de shān 높은 산

把 手 举 得 高高儿的. Bǎ shǒu jǔ de gāogāorde.
손을 높이 들어라.

薄薄 báobáo 매우 얇은
薄薄儿 báobāor (매우) 얇게 / 얄팍한
薄薄 的 衬衣 báobáo de chènyī 얇은 와이셔츠

萝卜 切 得 薄薄儿的. Luóbo qiē de báobāorde.
무를 얇게 썰어라.

7.1.2. '儿'화운의 발음

① 운모가 'a, o, e, u, ao, uo, iu'로 끝날 때 혀를 위로 굽혀서 'a, o, e, u'를 발음한다.

발음 요령

한국어에서 'ㄹ' 받침으로 끝나는 음절은 혀끝이 경구개에 붙어서 끝난다. 그러나 '儿'화음은 혀를 위로 굽히지만 혀끝이 경구개에서 떨어진 상태에서 움직임이 없이 음이 끝나므로 운모 뒤에 '얼'음을 붙여 발음하거나 또는 한국어의 'ㄹ' 받침을 발음하는 방법으로 발음하지 말아야 한다. 예로 'huà huàr 画画儿'를 '화화얼' 또는 '화활'로 발음하지 말아야 한다.

开花儿 kāihuār 꽃이 피다
小马儿 xiǎomǎr 망아지
小刀儿 xiǎodāor 작은 칼
唱歌儿 chànggēr 노래하다
花朵儿 huāduǒr 꽃송이
小兔儿 xiǎotùr 새끼 토끼
小妞儿 xiǎoniūr 여자 아이
一节儿 yījiér 한 시간, 한 마디

② 주요모음이 'i, ü'이고 운미가 없으면 'er'을 붙여 발음한다.

小米儿 xiǎomǐr 좁쌀
小鸡儿 xiǎojīr 병아리
金鱼儿 jīnyúr 금붕어
有趣儿 yǒuqùr 재미있다

③ 설첨전음, 권설음 뒤의 '-i'는 탈락시키고 'er'을 붙여 발음한다.

没 词儿 méi cír 단어가 없다
写 字儿 xiě zìr 글자를 쓰다
羹匙儿 gēngchír 숟가락
没 事儿 méi shìr 괜찮다
果汁儿 guǒzhīr 쥬스

④ 운미가 '-i, -n'으로 끝나면 탈락시키고 'er'을 붙여 발음한다.

一块儿 yīkuàir 함께
小妹儿 xiǎomèir 막내누이동생
一对儿 yīduìr 한 쌍
老伴儿 lǎobànr 마누라, 영감
大婶儿 dàshěnr 아주머니
有 劲儿 yǒu jìnr 힘이 있다

⑤ 운미 '-ng'는 탈락시키고 '-ng' 앞의 원음을 비음화하는 동시에 권설음으로 발음한다.

药方儿 yàofāngr 처방
信封儿 xìnfēngr 편지봉투
没 空儿 méi kòngr 시간이 없다
星星儿 xīngxingr 별
透 亮儿 tòu liàngr 빛이 들다
蛋黄儿 dànhuángr 계란노른자

7.2. 어음의 변화

어떤 언어를 막론하고 발음할 때 앞 혹은 뒤에 위치한 소리의 영향을 받아 자연스럽게 음의 변화가 생기게 된다. 중국어에도 그러한 현상이 나타나고 있다.

7.2.1. 어음 변화의 특성

① 어음은 언어 환경 속에서 앞 뒤 음절들과 자연스러운 조화를 이루는 특성이 있으므로 같은 하나의 음절이라도 음의 길이, 높낮이, 자음, 모음도 약간의 변화를 일으킨다.

② 음절은 언어 환경 속에서 몇 개의 음절들이 이어져 문법적 의미를 가지게 되고 따라서 이 몇 개의 음절들은 물 흐르듯이 이어져 발음된다.

③ 문장에서 같은 음가를 가진 음이라도 문법적 논리와 형식 논리에 의하여 높낮이가 달라진다. 즉 악센트가 있다.

7.2.2. 어음 변화의 규칙

(1) 앞 음절의 운모가 [-n]으로 끝날 때 아래와 같은 현상이 나타난다.

① 뒤 음절의 성모가 쌍순음이면 [-m]으로 발음된다.

面包(miàn bāo)[miɛn pau] → [miɛm pau] 빵
漫骂(màn mà)[man ma] → [mam ma] 조소하다
什么(shén me)[ʂən mə] → [ʂəm mə] 무슨
山炮(shān pào)[ʂan p‘au] → [ʂam p‘au] 산포

② 뒤 음절이 영성모로 시작되면 뒤 음절과 결합되어 발음된다.

棉袄(mián ǎo)[miɛn au] → [miɛ-nau] 솜저고리
山外(shān wài)[ʂan uai] → [ʂa-nuai] 산밖
转移(zhuǎn yí)[tʂuan i] → [tʂua-ni] 전이
天鹅(tiān é)[t'iɛn ɤ] → [t'iɛ-nɤ] 백조

③ 뒤 음절의 성모가 [l-]이면 앞의 음절의 운미 [-n] 음이 [-l]로 변하여 발음된다.

展览(zhǎn lǎn)[tʂan lan] → [tʂal lan] 전시
深绿(shēn lǜ)[ʂən ly] → [ʂəl ly] 심록색
昆仑(kūn lún)[k'un lun] → [k'ul lun] 곤륜
山里(shān lǐ)[ʂan li] → [ʂal li] 산속

④ 뒤 음절의 성모가 설근음 [g-, k-, h-]이면 앞의 [-n]이 [-ng]으로 변한다.

天高(tiān gāo)[t'iɛn kau] → [t'iɛŋ kau] 하늘은 높다
健康(jiàn kāng)[tɕiɛn k'aŋ] → [tɕiɛŋ k'aŋ] 건강하다
惭愧(cán kuì)[ts'an k'ui] → [ts'aŋ k'ui] 부끄럽다
含糊(hán hu)[xan xu] → [xaŋ xu] 모호하다

(2) 앞 음절 운미가 [-ng]로 끝나면 :

① 뒤 음절이 영성모이면 [-ng]이 완전히 발음되지 않고 뒤의 첫 모음과 결합하면서 비음화 된다.

발음 요령

먼저 한글에서 아기들의 울음소리 '응애응애'를 발음하면 '애' 소리가 단독으로 발음할 때와 다르게 콧소리로 변하여 발음되는 것을 알 수 있다. 중국어에서도 마찬가지로 아래 예들은 비음화 된다.

抗癌(kàng ái) [k‘aŋ ai] → [k‘a-ŋai] 항암
同卧(tóng wò) [t‘oŋ uo] → [t‘o-ŋuo] 같이 눕다
灯蛾(dēng é) [təŋ ɤ] → [tə-ŋɤ] 불나방
兵役(bīng yì) [piŋ i] → [pi-ŋi] 병역

② 뒤의 음절이 성모 [h-]로 시작되면 [h-]음이 약한 [kh-]음으로 발음된다.

上海(Shàng hǎi)[ʂaŋ xai] → [ʂaŋ khai] 상해
彤红(tōng hóng[t‘uŋ xuŋ] → [t‘uŋ khuŋ] 짙은 빨강

(3) ‘啊’(a)의 변화

① 앞의 음절이 권설음 ‘-i’거나 ‘儿化’운이면 ‘a’가 [ʐa]로 발음된다.

…吃啊(chī a)[tʂ‘ʅ a] → [tʂ‘ʅ ʐa] 먹어라
…花儿啊(huār a)[xuaɚ a] → [xuaɚ ʐa] 꽃이다
…伴儿啊(bànr a)[paɚ a]→paɚ ʐa] 동료이다

② 앞의 음절이 ‘-ng’로 끝나면 ‘a’가 비음화 되어 [ŋa]로 발음된다.

…上啊(shàng a)[ʂaŋ a] → [ʂaŋ ŋa] 오르다
…疼啊(téng a)[t‘əŋ a] → [t‘əŋ ŋa] 나쁘다
…冰啊(bīng a)[piŋ a] → [piŋ ŋa] 얼다

③ 앞의 음절이 ‘i, a, o, e, ü’로 끝나면(‘ao’는 제외) ‘a’를 ‘ya’로 발음한다.

大啊! Dà ya! 크다!
是我啊! Shì wǒ ya! 나다!
坐车啊! Zuò chē ya! 차를 타라!
了不起啊! Liǎobuqǐ ya! 굉장하구나!
往上举啊! Wàng shàng jǔ ya! 위로 올려라!
咱们上街啊! Zánmen shàng jiē ya! 우리 거리로 가자!
这是我们公司啊! Zhè shì wǒmen gōngsī ya! 여기는 우리 회사이다!

④ 앞의 음절이 'ao, u'로 끝나면 'wa'로 발음된다.

这座山多高啊! Zhè zuò shàn duō gāo wa!

이 산은 얼마나 큰지!

前边没有路啊! Qiánbiān méi yǒu lù wa!

앞에 길이 없다!

这是谁的狗啊? Zhè shì shuí de gǒu wa?

이것은 누구의 개냐?

⑤ 앞의 음절이 'n'로 끝나면 'na'로 발음된다.

这花多好看啊! Zhè huā duō hǎokàn na!

이 곳은 얼마나 예쁜지!

真甜啊! Zhēn tián na! 정말 달구나!

太沉啊! Tài chén na! 너무 묵직하구나!

真有劲啊! Zhēn yǒujìn na! 정말 힘세다!

太困啊! Tài kùn na! 너무 피곤하네!

(5) 동사 중첩시 음의 변화

① VV형 — 두 번째 음절을 경성으로 읽으며 동사가 3성이면 '2성+경성'으로 발음한다.

看看 kànkan 봐라

听听 tīngting 들어봐

想想 xiǎngxiang → xiángxiang 생각해봐

洗洗 xǐxi → xíxi 씻어라

② ABAB형 — 두 번째와 네 번째 음절은 경성이 되며 첫 번째 음절은 가장 강하게 세 번째 음절은 그 다음 강하게 발음한다.

讨论讨论 tǎoluntǎolun 토론하다

研究研究 yánjiuyánjiu 연구하다

锻炼锻炼 duànlianduànlian 단련하다

③ V来V去(V_1来V_2去)형--음의 변화가 없다.

看来看去 kànláikànqù 이리저리 보다

说来说去 shuōláishuōqù 이리저리 얘기하다

出来进去 chūláijìnqù 들락날락하다

推来挡去 tuīláidǎngqù 밀고 당기다

讨论来讨论去 tǎolùnláitǎolùnqù 이것 저것 토론하다

④ $V_1V_1V_2V_2$형 — 성조의 변화는 없고 4번째 음절에 악센트가 붙는다. 3성인 동사가 중첩될 때는 앞의 3성이 2성으로 변한다.

说说笑笑 shuōshuōxiàoxiào 담소하다

打打闹闹 dádǎnàonào 방해하다

游游逛逛 yóuyóuguàngguàng 돌아다니다

拖拖拉拉 tuōtuōlālā 질질 끌다

(6) 형용사 중첩시 음의 변화

① 입말에서 두번째 음절이 '儿'화 되며 1성으로 발음된다. 단 정중함을 요구하거나 비구어체 글을 낭독할 때는 '儿'화와 성조변화가 일어나지 않는다.

早早(儿) zǎozāor 일찍

远远(儿) yuǎnyuānr 멀리

慢慢(儿) mànmānr 천천히

好好(儿) hǎohāor 잘

알아두기 :

중국어에서 많은 1음절 형용사를 'aa'형으로 중첩하여 쓰지만 모두 '儿'화할 수는 없다. 즉 어떤 형용사는 중첩된 다음 다만 그 정도가 심화되고 어떤 형용사는 중첩되면 단순 형용사의 정도가 약간 심화됨과 동시에 다른 파생적 의미가 부여되어 마치 한글의 부사와 같은 성격을 지니게 된다. 예로 : 위의 예문 '**早早(儿), 远远(儿), 慢慢(儿), 好好(儿)**'은 각기 '매우 일찍, 매우 멀다, 매우

느리다, 매우 좋다'는 의미보다는 '일찌감치, 멀찍이, 천천히(느릿느릿/서둘지 말고/후에), 잘'이라는 의미가 더 강하다. 따라서 '매우 이르다, 매우 멀다, 매우 느리다, 매우 좋다'는 의미를 표현할 때는 마땅히 '很早、很远、很慢、很好'로 써야 한다. 때문에 다른 파생적 의미가 부여되는 형용사 중첩형만 '儿'화할 수 있다. 이런 파생적 의미가 없는 형용사 중첩형은 '儿'화할 수 없다. 즉 '红红儿、小小儿、臭臭儿…' 등은 틀린 표현이다.

② AABB형 — 입말에서 두 번째 음절은 경성으로 세 번째 음절은 1성으로 네 번째 음절은 '儿'화하기도 한다. 그러나 공식적인 상황에서는 첫 번째 음절을 강하게, 두 번째 음절은 경성으로, 세 번째와 네 번째 음절은 변하지 않는다.

清清楚楚 qīngqingchǔchǔ 분명하다
干干净净 gānganjìngjìng 깨끗하다
漂漂亮亮 piàopiaoliàngliàng 예쁘다
明明白白 míngmingbáibái 분명하다

③ ABAB형 — 음의 변화가 없다.

滚圆滚圆 gǔnyuángǔnyuán 아주 동그랗다
焦黄焦黄 jiāohuángjiāohuáng 누르스름하다
瓦蓝瓦蓝 wàlánwàlán 짙은 남색

④ 댓구성 AABB형 — 음의 변화는 없고 4번 음절에 악센트가 붙는다.

大大小小 dàdàxiáoxiǎo (크기)들쭉날쭉하다
高高矮矮 gāogāoáiǎi (높이)들쭉날쭉하다
长长短短 chángchángduánduǎn (길이)들쭉날쭉하다
高高低低 gāogāodīdī (높이)들쭉날쭉하다
红红绿绿 hónghónglǜlǜ 울긋불긋하다

(7) 사이음이 있는 형용사의 음의 변화

① A里AB형 — 첫 번째 음절은 강하게, 두 번째 음절은 경성으로, AB의 성조는 변하지 않으나 좀 약하게 발음한다.

糊里糊涂 húlihútú 흐리멍텅하다
马里马虎 mǎlimǎhū 대충하다

악센트가 네 번째 음절에 가는 상황도 있다. 이때는 더 강하게 발음된다.

罗里罗嗦 luōliluōsuō 말이 많다, 지루하다

② AMNW형(M, N, W는 사잇소리) — 첫 번째 음절은 변하지 않고 두 번째와 세 번째 음절은 경성으로 네 번째 음절은 1성으로 발음한다.

稀里糊涂 xīlihutū 어리중절하다, 멍하다
黑咕隆咚 heīgulongdōng 아주 캄캄하다
稀哩嘩啦 xīlihualā 달그락달그락
水拉巴唧 shuǐlabajī 싱겁다, 달지 않다
甜拉八咭 tiánlabajī (불쾌한) 단맛

08.

종합연습

중국어 발음연습

8.1. 성조 종합 연습

▶▶Track 38

성조의 조치는 실제 언어에서 앞뒤 성조 및 말의 의미에 따라 높낮이가 변한다.

214＋214 → 35＋214

guǎngchǎng 广场 광장	gǔdiǎn 古典 고전	lěngshuǐ 冷水 냉수
yěcǎo 野草 들풀	gǎnxiǎng 敢想 대담하게 생각하다	wǔdǎo 舞蹈 춤
yǔfǎ 语法 문법	yǐndǎo 引导 인도	jiǎnduǎn 简短 간결하다

214＋214＋214＋214 → 35＋21＋35＋214

bǐcǐliǎojiě 彼此了解 서로 이해하다	jǔshǒuxuǎnjǔ 举手选举 거수선거	qǐyǒucǐlǐ 岂有此理 어찌 이런 법이 있나
yǒngyuǎnyǒuhǎo 永远友好 영원한 우호	hǎishuǐxǐzǎo 海水洗澡 해수목욕	cǎifǎngchǎngzhǎng 采访厂长 공장장을 인터뷰하다

214＋경성(본조 3성) → 35＋경성

xiǎojie 小姐 아가씨　　chǎngli 厂里 공장에

214＋35→21＋35

gǎigé 改革 개혁	yǔwén 语文 어문	shuǐtián 水田 논
zhǔchí 主持 주관하다	qǐchuáng 起床 기상하다	yǐnmán 隐瞒 숨기다
lǚyóu 旅游 여행	yǎnyuán 演员 배우	jiǎnchá 检查 검사

zǎochénqǐchuáng 早晨起床 새벽에 일어나다	guǒránhěnnán 果然很难 과연 매우 어렵다
lǎngdúgǔwén 朗读古文 고문을 낭독하다	liǎnghéhuǒchái 两盒火柴 성냥 두 갑
zhǎoréndǎqiú 找人打球 사람을 찾아 공놀이하다	shǒutíshuǐpíng 手提水瓶 휴대물병

214 + 경성(본조 3성)→21 + 경성

nǎinai	lǎolao	shěnshen	jiějie
奶奶	姥姥	婶婶	姐姐
할머니	외할머니	숙모	누나

214 + 55→21 + 55

hǎifēng
海风 바닷바람

jiǎndān
简单 간단하다

shǐzhōng
始终 시종

shǒuxiān
首先 우선

hǎijūn
海军 해군

jiěshuō
解说 해설

lǎoshī
老师 선생님

yǎnchū
演出 연출

shǒujī
手机 핸드폰

shǒudūběijīng
首都北京
수도북경

zhǐbiāohěngāo
指标很高
지표가 매우 높다

pǔtōnghuǒchē
普通火车
일반열차

nǐtīngwǒshuō
你听我说
내가 말하는 것 들어봐

xǔduōhǎoshū
许多好书
많은 좋은 책

lǚjūběifāng
旅居北方
북방에 체류하다

214＋51→21＋51

diǎnfàn 典范 모범	rěnnài 忍耐 인내	měilì 美丽 아름답다	kěpà 可怕 두렵다
guǎngdà 广大 광대하다	qiǎomiào 巧妙 교묘하다	fǎngwèn 访问 방문	gǔdài 古代 고대

gǎizàotǔdì 改造土地 토지를 개혁하다	bǎozhèngmǎnyì 保证满意 만족을 보증하다
mǎshàngkǎoshì 马上考试 바로 시험보다	mǎidàowǎnbào 买到晚报 석간신문을 사다
kějìngkěài 可敬可爱 존경스럽고 사랑스럽다	yǒushìqǐngjià 有事请假 일이 있어 휴가를 청하다

8.2. 경성 연습

▶▶Track 39

bēizi 杯子 잔	guānshang 关上 닫다	chuānghu 窗户 창	gūniang 姑娘 아가씨
jiāli 家里 집안	shuíde 谁的 누구 것	shéngzi 绳子 줄	xuésheng 学生 학생
máobing 毛病 고장	dǎkai 打开 열다	běnzi 本子 노트	dǎban 打扮 치장하다
bǐfang 比方 예를 들면	gùnzi 棍子 막대기	hòutou 后头 뒤	dùzi 肚子 배

● 경성이 출현하는 문장

Tāmen zǒuguolai le。
他们 走过来 了。
그들은 걸어왔다.

Chī le huánggua dùzi téng。
吃 了 黄瓜 肚子 疼。
오이를 먹었더니 배가 아프다.

Nǐ shuōshuo shuí de yīfu piàoliang。
你说说 谁 的衣服 漂亮。
누구 옷이 이쁜지 말해봐.

Dǎkai běnzi jìshang le péngyou de dìzhǐ。
打开 本子 记上 了 朋友 的 地址。
노트를 펴고 친구의 주소를 적었다.

Bǎ chuānghu dǎkai, cāca bōli zài guānshang。
把 窗户 打开, 擦擦 玻璃 再 关上。
창문을 열어 유리를 좀 닦고 다시 닫았다.

Tiānshang de xīngxing xiàng yǎnjing si de,
天上 的 星星 象 眼睛 似 的,
하늘의 별은 마치 눈과 같이

Zhǎ ya zhǎ de zhēn yǒu yìsi。
眨 呀 眨 得 真 有 意思。
깜박 깜박 거려 정말 재미있어.

Gōngyuánli shénme huā dōu yǒu: mǔdan、yuèji、
公园里 什么 花 都 有: 牡丹、月季、
공원에는 모든 꽃이 다 있다. 목란, 월계화,
méigui、sháoyao; hóngde、báide、zǐde、huángde,
玫瑰、芍药; 红的、白的、紫的、黄的,
장미, 작약; 붉은 것, 흰 것, 자색, 노란 것
piàoliang jí le。
漂亮 极 了。
다 매우 아름답다.

고전시낭독

Jiāngshàng yúzhě　Fàn Zhòngyán
江上渔者　范仲淹

강에서 낚시하는 이　범중엄

jiāng　shàng　wǎng　lái　rén,
江　上　往　来　人,
강에서 물놀이 하는 행락객들

dàn　ài　lú　yú　měi。
但　爱　鲈　鱼　美。
농어의 감미로움만 즐길 줄 아네.

jūn　kàn　yí　yè　zhōu,
君　看　一　叶　舟,
나뭇잎 같은 쪽배에 몸을 내맡기고

chū　mò　fēng　bō　lǐ。
出　没　风　波　里。
험한 풍파 속 넘나드는 저 어부도 좀 보소.

09.

악센트

중국어 발음연습

9.1. 악센트의 의미

단어와 문법 이외에 소리의 고저, 강약, 속도 등도 의사전달에 사용되고 있다. 한국어는 많은 의미가 조사에 의하여 구분되지만 중국어는 몇몇의 경우에만 조사에 의하여 의미가 구분되고 대다수의 경우는 단어, 어순, 악센트에 의하여 구분된다. 똑같은 단어와 어순을 사용한 문장이라도 악센트가 어느 곳에 붙느냐에 따라 그 의미가 달라진다. 아래 예를 들어 보자.

Tā bú qù le?
他 不 去 了? ↗
그는 안 간다고?

Tā bú qù le。
他 不 去 了。↘
그는 안 간다.

Māma lái le。
妈妈 来 了。(누가 왔나의 대답)
어머니가 오셨다.

Māma lái le。
妈妈 来 了。(어머니는 오셨나의 대답)
어머니는 오셨다.

Wǒ xiǎng qilai le。
我 想 起来 了。
나는 생각해냈다.

Wǒ xiǎng qǐlai le。
我 想 起来 了。
나는 일어나겠다.

Tā qù túshūguǎn le。
他 去 图书馆 了。
그는 도서관에 간다.

위의 문장에서 '图书馆'이 가장 강하게 발음되고, 다음으로 '他', '去'이며, '了'가 가장 약하게 발음된다. 따라서 이 문장에서 '图书馆'은 말의 중심으로 악센트가 붙게 된다. 중국어에서 가장 일반적인 말이라도 각 단어들의 강약은 서로 다르다.

9.2. 악센트의 유형

9.2.1. 의미군 악센트

긴 문장은 몇 개의 작은 의미를 전달하는 단어 조합들이 일정한 순서에 따라 배열되어 하나의 완벽한 의미를 전달한다. 이러한 작은 단어조합을 '의미군'이라고 한다. 이런 하나하나의 의미군에 악센트가 붙는 단어 또는 단어 조합을 '의미군 악센트'라 한다.

① 간단한 주술문의 술어에 악센트가 붙는다. 만약 주어가 대명사라면 주어에 악센트가 붙는다.

Jīntiān xīngqīliù。
今天 星期六。
오늘은 토요일이다.

Fènghuángshān hěn gāo。
凤凰山 很 高。
봉황산은 매우 높다.

Zěnme qù ne?
怎么 去 呢?
왜 가니?

② 목적어에 악센트가 붙는다. 두 개의 목적어가 있으면 뒤의 목적어에 악센트가 붙는다. 목적어가 인칭대명사면 목적어 앞의 동사에 악센트가 붙는다.

Wǒ kàn dià
我 看 电视。
나는 텔레비전을 본다.

Dìdi xǐhuan zúqiú。
弟弟 喜欢 足球。
남동생은 축구를 좋아한다.

Bàba jiāo mèimei Yīngyǔ。
爸爸 教 妹妹❶ 英语❷。
아빠는 여동생에게 영어를 가르치신다.

Tā sòng wǒ yī běn shū。
他 送 我❶ 一 本 书❷。
그는 내게 책 한 권을 보낸다.

Lǎoshī bāngzhù wǒmen。
老师 帮助 我们。
선생님은 우리들을 도와주신다.

③ 한정어와 부사어에 악센트가 붙는다.

Wǒ mǎi le lǔxùn de xiǎoshuō。
我 买 了 鲁迅 的 小说。
나는 노신의 소설책을 샀다.

Zhè shì wǒ jiā de xiǎomāo。
这 是 我 家 的 小猫。
이것은 우리집 새끼 고양이다.

Nǐ gǎnjǐn huílai。
你 赶紧 回来。
너는 빨리 돌아와라.

Qǐng nǐ dàdiǎnr shēng shuō。
请 你 大点儿 声 说。
큰 소리로 말해보세요.

④ 보충어에 악센트가 붙는다. 보충어가 추향동사일 때는 앞의 동사에 악센트가 붙는다.

Wǒ tīngqīngchu le。
我 听清楚 了。
나는 분명히 들었다.

Māma gāoxìng de kū le。
妈妈 高兴 得 哭 了。
엄마는 기뻐서 우셨다.

Nǐ xiěcuò le。
你 写错 了。
너는 잘못 썼다.

Tā xiàoqilai le。
他 笑起来 了。
그는 웃기 시작했다.

Tiān lèqilai le。
天 热起来 了。
날씨가 덥기 시작했다.

Tǐwēn jiàngxialai le。
体温 降下来 了。
체온이 내려갔다.

9.2.2. 논리성 악센트

논리성 악센트는 고정된 위치가 없이 화자가 특히 강조하고 싶은 단어나 단어조합에 악센트를 넣는다. 아래 예문을 살펴보자.

❶ Nǐ míngtiān qù túshūguǎn ma?
你 明天 去 图书馆 吗? '가다'를 강조
너는 내일 도서관에 가니?

Wǒ míngtiān qù túshūguǎn。
我 明天 去 图书馆。'가다'를 강조
나는 내일 도서관에 간다.

❷ Nǐ shénme shíhou qù túshūguǎn?
你 什么 时候 去 图书馆? '언제'를 강조
너는 언제 도서관에 가니?

Wǒ míngtiān qù túshūguǎn。
我 明天 去 图书馆。'내일'을 강조
나는 내일 도서관에 간다.

❸ Nǐ míngtiān qù nǎr?

你 明天 去 哪儿? '어디'를 강조

너는 내일 어디 가니?

Wǒ míngtiān qù túshūguǎn。

我 明天 去 图书馆。'도서관'을 강조

나는 내일 도서관에 간다.

❹ Shuí míngtiān qù túshūguǎn?

谁 明天 去 图书馆? '누가'를 강조

누가 내일 도서관에 가니?

Wǒ míngtiān qù túshūguǎn。

我 明天 去 图书馆。'내가'를 강조

내가 내일 도서관에 간다.

9.2.3. 논리성 악센트와 의미군 악센트의 관계

의미군 악센트는 단 한 마디 말에서도 자연적으로 발생하는 어음의 절주이기 때문에 말을 하거나 낭독하기만 하면 그 악센트가 곧 나타나지만 논리성 악센트는 언어환경에서 앞 뒤 말과 연계성이 없다면 그 악센트는 있을 수 없다. 논리성 악센트는 의미군 악센트보다 음량이 더 강하게 발음됨에 주의해야 한다.

9.3. 악센트 연습

논리성 악센트는 색글자로, 의미군 악센트는 밑줄로 표시되어 있다.

Zhè běn shū shì wǒ mǎi de。

这 本 书 是 我 买 的。

这 本 书 是 我 买 的。

这 本 书 是 我 买 的。

这 本 书 是 我 买 的。

这 本 书 是 我 买 的。

Jiějie yǐjīng zuò hǎo le fàn。

姐姐 已经 做 好 了 饭。

姐姐 已经 做 好 了 饭。

姐姐 已经 做 好 了 饭。

姐姐 已经 做 好 了 饭。

부록

[부록 1] 중국어 음절 구조도

한자례	聲母	韻母			
			韻(韻身, 韻體)		
		韻頭(介音)	韻腹(主要母音)	韻尾 (高母音 혹은 鼻子音)	
该	g		ɑ	i	
高	g		ɑ	o	
黑	h		e	i	
都	d		o	u	
家	j	i	ɑ		
教	j	i	ɑ	o	
休	x	i	o	u	
接	j	i	e		
瓜	g	u	ɑ		
快	k	u	ɑ	i	
多	d	u	o		
堆	d	u	e	i	
缺	q	ü	e		
三	s		ɑ		n
刚	g		ɑ		ng
根	g		e		n
更	g		e		ng
先	x	i	ɑ		n
江	j	i	ɑ		ng
今	j		i		n
听	t		i		ng
工	g		o		ng
兄	x	i	o		ng
端	d	u	ɑ		n
光	g	u	ɑ		ng
温, 吨	w, d	u	(e)		n
翁	w	u	e		ng
圈	q	ü	ɑ		n
軍	j	ü	(e)		n
资	z		-i		
吃	ch		-i		

[부록 2] 성모, 운모, 성조의 결합표(숫자는 성조를 표시함)

<표 - 1>

	ɑ	o	e	e	-i	er	ɑi	ei	ɑo	ou	ɑn	en	ɑng	eng
	1234		1234	1234		234	1234		1234	134	134	14	124	1
b	1234	1234					1234	134	1234		134	134	134	1234
p	124	1234					1234	124	1234	1	124	124	1234	1234
m	1234	1234					234	234	1234	23	1234	124	23	1234
f	1234	2						1234		3	1234	1234	1234	1234
d	1234		2				134	3	1234	134	134		134	134
t	134		4				134		1234	124	1234		1234	12
n	1234		24				34	34	1234		234	4	234	2
l	1234		14				24	1234	1234	1234	234		234	234
g	1234		1234				134	3	134	134	134	14	134	134
k	13		1234				134	1	34	134	134	3	124	1
h	123		124				1234	1	1234	1234	1234	234	124	124
zh	1234		1234		1234		1234	4	1234	1234	134	134	134	134
ch	1234		134		1234		12		123	1234	1234	124	1234	1234
sh	1234		1234		1234		134	2	1234	1234	134	1234	134	1234
r			34		4				234	24	23	234	1234	12
z	12		24		134		134	2	1234	134	1234	3	14	14
c	1		4		1234		1234		123	4	1234	12	12	24
s	134		4		134		14		134	134	134	1	134	1

<표 - Ⅱ>

	i	iɑ	ie	iɑo	iou	iɑn	in	iɑng	ing
y	yi 1234	yɑ 1234	ye 1234	yɑo 1234	you 1234	yɑn 1234	yin 1234	yɑng 1234	ying 1234
b	1234		1234	134		134	14		134
p	1234		13	1234		124	1234		12
m	1234		14	234	4	234	23		234
d	1234		12	14	1	134			134
t	1234		134	1234		1234			123
n	234		14	34	1234	1234	2	24	234
l	234	3	34	1234	1234	234	1234	234	1234
j	1234	1234	1234	1234	134	134	134	134	134
q	1234	134	1234	1234	12	1234	1234	1234	1234
x	1234	124	1234	1234	134	1234	14	1234	1234

<표-Ⅲ>

	ü	üe	üan	ün	iong
y	yu 1234	yue 14	yuan 1234	yun 1234	yong 1234
n	nü 3	nüe 4			
l	lü 234	lüe 4			
j	ju 1234	jue 124	juan 134	jun 14	jiong 3
q	qu 1234	que 124	quan 1234	qun 2	qiong 2
x	xu 1234	xue 1234	xuan 1234	xun 124	xiong 12

저자

박경서(朴敬瑞)

중국 연변교육대학교 교수 역임(1984년~1997년)
우석대 중국어과 교수 역임(1997년~2010년)

이해우(李海雨)

우석대 중국어과 교수(1995년~현재)
우석대 공자아카데미 원장(2010년 12월~현재)

중국어 발음연습

초판 1쇄 발행 _ 2012년 2월29일

저　　자 • 박경서 · 이해우
발 행 인 • 정 현 걸
발　　행 • 신 아 사
인　　쇄 • 성실인쇄
출판등록 • 1956년 1월 5일 (제9-52호)
주　　소 • 서울특별시 은평구 녹번동 28-36번지 2F
전　　화 • (02) 382-6411 • 팩스 (02) 382-6401
홈페이지 • www.shinasa.co.kr
E-MAIL • shinasa@chol.com

ISBN 978-89-8396-681-0(93720)

정가 *15,000* **원**